JN204517

柳沼良太・梅澤真一・山田 誠
［編］

「現代的な課題」に取り組む 道徳授業

価値判断力・意思決定力を育成する 社会科とのコラボレーション

本書が扱う現代的な課題

［社会科］

- ゴミ集積所の設け方
- 東京オリンピックと飛行経路
- 防潮堤とかき養殖
- 個人商店繁盛の秘密
- 八ツ場ダム建設問題
- 普天間米軍基地の移転
- 公共図書館のあり方

［道徳科］

- 図書館利用のマナー
- 野生動物による被害と保護
- 公園の自転車トラブル
- マンションの騒音問題
- 外国からの転校生
- ゴミのポイ捨て
- ハンセン病患者への差別
- 友達との貸し借りのトラブル
- 給食の食べ残し
- ネットのトラブル
- 原発とどう向き合うか
- リゾート開発と伝統の継承
- クリーニング店でのトラブル
- LGBTなど性的少数者への配慮

図書文化

はじめに

新設された道徳科では，「現代的な課題」を積極的に取り上げ，子どもが主体的に考え，協働的に議論する，問題解決的な学習を行うことが求められている。なぜなら，時代の変遷とともに社会のあり方や課題は大きく変わってきており，これからも持続可能な発展を遂げるためには，そうした諸課題に真摯に向き合い，迅速かつ適切に対応できる資質・能力を育成することが重要となるからである。

変動の激しい社会を生きていく子どもたちは，未知の問題に対して，果敢に挑戦し，解決していくことが，これからはますます必要になる。それゆえ道徳科でも，さまざまな現代的な課題（例えば，情報モラル，生命倫理，環境倫理，主権者意識，障害者理解，安全教育，食育，LGBTなど多様な性理解，消費者トラブルなど）を取り上げて，多面的・多角的に考え，議論する資質・能力を養うことが大切になってくる。

また，これらの問題解決に取り組むためには，他者との協働が不可欠だが，昨今は，子どもの規範意識の低下だけでなく，人間関係の希薄化も課題として指摘されている。道徳科でも，こうした現代の子どもたちに特徴的な心理的課題を克服し，人間関係や社会的関係を豊かに築いて，異質の他者と協働しながら問題解決していける資質・能力を育成することが重要になる。

しかしながら，これまで学校現場では，こうした「現代的な課題」を道徳科の授業で扱うことにはためらいがあり，また実際どのように扱うべきかについて困惑しているところがあった。というのも，従来の道徳授業のように，国語科の指導スタイルに倣って登場人物の気持ちを読み取るだけでは，現代的な課題の解決にまではつながらないからである。いっぽうで，政治的・経済的・社会的なテーマに関わり過ぎると，思想・信条の自由に関わることになるため，道徳授業での指導が難しくなる。

そこで，本書では，こうしたテーマを長年にわたり扱い慣れている社会科の先生方と協力して，道徳授業で現代的な課題にどう取り組むべきかを考え，その理論構成とモデル授業の具体的な検討を行うことにした。

社会科では，これまでも現代的な課題を積極的に取り上げて，子ども同士で問題を分析したり議論したりする授業をよく展開してきた。そこで扱われる事象には多くの道徳的（倫理的）価値が含まれており，ときに価値観の対立もあるため，社会科の中で道徳的な議論がなされてきた経緯もある。

そうしたなかで，筑波大学附属小学校において，梅澤真一先生が代表の「価値判断力・意思決定力を育成する社会科授業研究会」と山田誠先生が代表の「道徳教育研究会」が合同で研究大会を開くことになり，そこに岐阜大学の柳沼が講師として加わって，協働探究を積み重ねることとなった。2016年8月から始まったこの試みは，現在までに3年連続で冬季や夏季に研究大会を行い，毎回3回の研究授業を行っている。

ここでの関心事は，「社会科の授業で道徳的テーマを含んだ現代的な課題を取り上げるとどうなるか」という基本的事項に始まり，「社会的問題を解決する授業の中で（社会性だけでなく）道徳性を養えないか」「道徳科の授業で社会的問題を取り上げるとどうなるか」「道徳的な問題を解決する授業の中で社会性を高めることはできないか」という応用的事項にまで及んでいる。

また，研究大会では，毎回，エキサイティングで白熱した議論が行われている。「そんなことで現代的な課題が解決するのか？!」「それで本当に道徳性が養われるのか？!」「道徳的価値は理解できたのか？!」「人間としての生き方とはどうあるべきなのか？!」。教科を超えて率直に語り合う刺激的な研究交流によって，まさに多面的・多角的な視野が開け，新しい道徳科の構想が広がってきたところがある。

このほか岐阜大学教育学部附属小・中学校も，同様の趣旨で，現代的な課題を解決する道徳授業に取り組んできた。ここでは，社会科の中でも法教育として扱われることが多い，訴訟や調停の問題を道徳授業で展開した場合について検討している。さらに，社会科と道徳科の両方に関心を寄せながら，先進的な研究授業を提案しているお茶の水女子大学附属小学校やさまざまな事例も，本書では豊富に紹介している。

諸外国では，道徳授業は社会科の教員が専属で担当する場合がある。道徳授業で現代的な課題を扱うためには，社会的な専門知識や技能が教員に必要になるためである。わが国でも道徳科が教科として行われる以上，道徳授業にはある種の教職専門性が求められる。社会科と道徳科のコラボレーションに取り組んだ本書の内容が，これからの道徳授業の改善・充実にいくらかでも寄与できれば幸甚である。

平成30年5月23日

柳沼良太

目 次 「現代的な課題」に取り組む道徳授業

第1章 現代的な課題に取り組む道徳授業のつくり方

第1節

現代的な課題に取り組む道徳授業がなぜ必要か

1 避けては通れない，生き方に密接した問題

道徳上の問題は，私的なことであると思われることでも，実は公共的なものや社会的なものにつながっていることが多い。例えば，家庭のゴミの出し方ひとつをとっても，公共のルールやマナーと向き合う必要がある。自身の性についても，本来は私的（プライベート）なことでありながら社会的な圧力を受けることもある。このように，人間は社会的存在であり，自分を取り巻く世界から陰に陽に絶大な影響を受けて人格を形成していく。

そのいっぽうで，個人からは遠く隔たった社会の課題だと思えたことが，実は自分の生き方にも深く関わる道徳的な問題であることに気づかされることもある。例えば，社会的な弱者に対する差別の問題が，身近な地域や親しい友達との間で起きていることがある。学校における人間関係や学習状況に，格差社会の問題が大きな影響を及ぼしていることもある。

そもそも子ども集団や学校組織は，それ自体が小さな社会である以上，そこで起こる大小の問題の基本構造は，国家や地域規模の問題，さらには国際間や地球規模の問題と類似している。異質な他者や社会的弱者の立場を共感的に理解し，利害関係を調整しながら，よりよい集団生活を築けることを学習できれば，それは将来，子どもたちが望ましい社会的生活を実現することの第一歩となるだろう。このように，「現代的な課題」は，子どもたちの生き方と意外なほど密接に関係している。

2 予測不能な未来を切り拓く力

高度情報化やグローバル化がますます進行し，社会が大きく変貌を遂げるなかで，個々人の価値観もますます多様化している。人工知能（AI）をはじめとする科学技術が飛躍的に発展することで，これまで人間のしてきた仕事をコンピューターやロボットが代替してくれるようになるいっぽう，従来は

人間が行ってきた仕事（職業）は半減することも予想されている。そうした社会の中では，人々に求められる資質・能力も大きく変わり，生き方の転換（ライフ・シフト）や働き方の転換（ワーク・シフト）も求められる。

これからは，従来のように，過去から継承されてきた知識や価値観を，ただ子どもたちに教え伝えるだけでは十分とはいえない。「そもそも何が問題かを見いだす力」「問題を客観的に把握し分析する力」「課題を抽出してその解決を論理的に推論する力」「問題の本質を見抜く力」「多様な分野を横断して全体を俯瞰する力」「多様なものを組み合わせたり新しく創造したりする力」「具体的に問題を解決する力」が求められてくる。

3　人とかかわる力，対話する力

こうした予測困難で不確実な時代には，異質の他者と協働し合い，相乗効果を発揮して問題を解決していく力が必要になってくる。

しかし近年の意識調査（日本青少年研究所「高校生を対象とした意識調査」2010）では，わが国の子どもたちの自己肯定感や自尊感情がとても低いことが報告されている。「自分は価値ある人間だと思いますか」の問いに，肯定的な答えをした高校生は日本では約７％しかいない。アメリカや中国などでは40～50％なのと比べると，日本の子どもたちの自己肯定率は極端に低いと言わざるを得ない。

また，日本の子どもたちは，自分自身だけでなく，教師や保護者を尊重していないというデータもある。例えば，産経新聞の意識調査（2010年3月22日）で，「教師を尊敬している」という答えは21％，「親を尊敬している」という答えは25％であった。諸外国では80％以上という結果と比較すると，日本だけ極端に低い傾向がある。

こうした人間関係の希薄化とも関連して，子どもの孤独感も高まっている。ユニセフが2007年に行った「子どもの幸福度」国際調査で，「自分は孤独だと感じている」と答えた15歳は，日本だけ29.8％もあった。これは実施した24か国中のワーストであり，孤独感とともに幸福度も下がることになる。このような状況の中でも当事者間で適切に話し合い解決できることが，子どもたちには必要となる。

4 「生き方」につながる道徳的実践力を高める

こうした状況を踏まえ，今次の学習指導要領では，人生で出合うさまざまな問題と子どもが向き合い，主体的かつ協働的に解決する資質・能力としての道徳性を育成することをめざし，なかでも豊かな人間関係の構築や社会的なコミュニケーション能力の育成は特に重視されている。経済協力開発機構（OECD）のキー・コンピテンシーや国立教育政策研究所の「21世紀型能力」でも「人間関係形成力」が重視されている。こうした人間関係形成力の育成は，道徳教育のみならず，市民性（シティズンシップ）教育，法教育，主権者教育，いじめ防止教育にもつながる課題である。

従来の道徳授業では，主として自分自身に関することや他者とのかかわりに関することはしばしば取り上げられても，現代的（社会的・経済的，政治的）な課題は全面的に取り上げられることが少なかった。子どもには理解が難しく解決も困難なものとして，あえて避けて通ってきたところがある。

しかし，子どもたちにとって，いま現実に起きている課題は，道徳的問題を切実に考えるための格好のテーマとなる。例えば，子どもたちが日常的に活用しているインターネットやスマートフォンの使い方を考えることは，高度情報化社会において危機管理しながらよりよく生きるための重要なテーマとなる（情報モラル）。また，生命科学の著しい進歩の中で自他の命や動植物の命をどう扱うべきかを考えることは，「どう生きるか」を根本的に考えさせるテーマとなる（生命倫理）。人と自然との共生をめざす課題も，持続可能な社会を築くために切実に考えざるを得ないテーマである（環境倫理）。

そうした課題に真摯に向き合い，それを解決する協働的な学びの中でこそ，子どもたちの視野は大きく開けていき，道徳的な見方や考え方が広がり，公共的で社会的な想像力（思いやりや正義）が高まり，人間のあり方に関する認識が深まり，自己の生き方に関する意識も高まっていくのである。

本書では，子どもたちが現代的な課題を自ら考え議論する中で，冷静で公平な問題把握を行い，さまざまな当事者への配慮をもち，全体を俯瞰して総合的に解決する資質・能力を育成することをめざしている。また，実際にこうした現代的な課題が身近に生じた場合でも，的確に対処できる実践的な汎用力を育成することもめざしている。

第2節 現代的な課題を解決するための資質・能力

1 どのような力を育てるのか

まず前提として，現代的な課題にはさまざまな立場の人々や問題が絡み合っており，そこには多様な見方や考え方が存在し，一面的・一方的な道徳的価値で捉えきれるものではないということを押さえておきたい。それゆえ，自分の意見を主張するとともに，自分とは異なる見方や考え方にも耳を傾け，多様な価値観の人々と協働して問題を解決していこうとする意欲や態度をもつことが大事になる。

したがって，現代的な課題を解決するためには，単独の道徳的価値を教え込もうとするような従来の道徳授業ではなく，複数の内容項目を関連づけて扱う指導をすることが大事になる。多様な価値観を認め合い，寛容な態度を養うことが必要となるため，子どもに安易に結論を出すよう求めたり，特定の見方や考え方に偏った指導をしたりしないようにする。

また，子どもたちの年齢や発達段階を踏まえながら，自分と異なる他者の考えや立場についても理解を深められるよう配慮しなければならない。

そもそも現代的な課題については，大人が責任もって取り組むものであり，子どもに考えさせるのは荷が重すぎるとされてきたところもある。また，仮に子どもが社会的問題の解決に取り組んだところで，実際にその解決策を実行できるわけではないため，あまり意味がないのではないかと指摘されることもある。しかし，子どもも社会の一員である以上，社会的問題と無関係であるわけではない。学校や家庭も萌芽的な共同体である以上，子どもの日常を注意深く観察すると，その中には現代的な課題（社会的問題）が多分に有されている。発達の段階に応じて，現代的な課題と身近な問題を結びつけて，自分との関わりで考えられるようにすることが求められる。

現代的な課題の問題解決に取り組む道徳授業では，子どもが問題を，教材の登場人物（主に主人公）の立場で解決する学習をめざす。もちろん，道徳授業で社会的問題について話し合うことは，思考内の一種のシミュレーションであって，実際に社会的問題を解決するわけではない。それでも，登場人物の立場で社会的問題に向き合うことで，当事者意識をもって多面的・多角的に考え議論することができるようになる。

子どもはこのようなプロセスの中で，問題状況を把握し，その原因を分析し，利害関係者の双方が納得し合えるように解決策を考えられるようになる。こうした社会的問題解決能力は，道徳性だけでなく社会性や倫理性にも関わる総合的で実際的な資質・能力でもある。

社会的問題解決能力に必要となる構成要素としては，①感受性（当事者の困りごとに共感する能力），②問題解決に向けて多様で柔軟に考える力，③多方面に配慮する（当事者の面倒をみる）能力，④他者とコミュニケーションする能力，⑤交渉する能力など多数ある。

2 どのような価値を扱うのか

現代的な課題の場合，学習指導要領の内容項目Ｃの領域（主として集団や社会に関わるもの）が中心となる。例えば，「規則の尊重」「公正，公平，社会正義」「社会参画，公共の精神」「遵法精神，公徳心」「国際理解，国際親善」などを，授業の中心価値としておくことが多い。

ただし，単一の価値ということはなく，他の領域の道徳的諸価値も多く含む。Ｂの「相互理解，寛容」「思いやり，感謝」，Ｄの「生命の尊さ」「自然愛護」「よりよく生きる喜び」，そしてＡの「善悪の判断，自律，自由と責任」「節度，節制」などの道徳的諸価値と深く関連するところもある。例えば，持続可能な社会の発展をめざす道徳授業では，環境，貧困（経済格差），人権，平和，開発などさまざまなテーマと関連してくる。これらの問題には，生命や人権，自然環境保全，公正，公平，社会正義，国際親善などさまざまな道徳的価値に関わる葛藤が含まれている。

このように，現代的な課題は，多様な道徳的諸価値と関連してくる。角度を変えて課題を見ながら，周辺にある複数の道徳的価値もセットで設定することが大事になる。従来のように，単一の道徳的価値を理解させること自体が目的なのではなく，さまざまな道徳的諸価値の絡まり合う現代的な課題を解決する資質・能力を総合的に育成することが目的なのである。

第３節

現代的な課題に取り組む道徳授業の先行研究

「現代的な課題」の問題解決に取り組む道徳授業は，海外では一般的に行われている。その代表的なものを以下に紹介したい。

① 反省的思考に基づく問題解決学習――デューイ

古くは，問題解決学習の創始者であるデューイ（John Dewey）は「慈善事業団体が被災者をどのように救済すればよいか」という問題をあげている。こうした課題は，具体的な問題事例から道徳的法則や道徳的義務の本質を考察させ，過去の経験や現在の状況や将来の希望を考え合わせて，実践可能な解決策を協働探究できる点で有意義なのである。

こうした反省的思考に基づく問題解決学習を道徳授業に適用するために，デューイは以下のような学習過程を設定している。第一に，道徳的問題に関する人間関係の場面を精神的に構築する。第二に，問題状況や人間関係の場面の本質を認識する。第三に，その認識に基づいた解決の行動方針を立案する。第四に，その行動方針を検討して自己決定する。

この学習過程では，子ども自身が道徳的問題を把握し，その解決策を考え，その行為の結果を予想させ，そこから観念の意味を見いだし判断することで，よい習慣を導き出し人格形成しようとしている。

こうした道徳授業では，子どもが自ら道徳的問題を感受し，解決策を探究しながら総合的に価値判断することができる。子どもはさまざまな解決策を構想し，それを比較検討しながら絞り込む過程で，その道徳的な理由を表現することができるようになる。また，自発的な衝動や欲求から生じた狭小で独善的で利己的な考えから脱け出して，自他の欲求や行為の結果を熟慮し，そこから影響を受ける「人間の幸福」や「共同の福祉」を促進するような考えにいたり，合意を形成できる解決策を練り上げられるようになる。

② ヴァーチューズ・プロジェクト――リンダ・カヴェリン・ポポフ

リンダ・カヴェリン・ポポフは『ヴァーチューズ・プロジェクト』の中で，現代的な課題を扱う指導法を提唱している。学習指導過程としては，第一に，何があったのかを聞いて問題を明確に理解する。第二に，関係者の言い分に耳を傾けて，中立的な立場で共感的に理解する。第三に，どうすればよいかを両者と共に考え，互いに納得できるように改善・修正を図る。この第三の段階において「どうすれば公平だと思いますか」，「平和的に解決するためにはどうしたらよいと思いますか」などと問いかけ，議論を促す。

この授業では，当事者が本当のことを語る「誠実さ」，問題解決の新しい方法を見つける「創造性」，間違いを認める「責任」などをもつことを重視する。問題の解決策を自由に討論するとともに，納得できる解決策に同意し，解決策がうまくいっているかどうかを報告してもらう。

③ 紛争解決教育――R. J. ボールディンとD. K. クロフォード

R. J. ボールディンとD. K. クロフォードは『紛争解決教育』の中で，さまざまな争いごとを解決する授業のあり方を検討している。第一に，資料を提示して当事者と争っている内容を理解する。第二に，共通する利害を確認する。隠された主題や共通する利害を確認し，話し合いの優先順位を決める。第三に，解決策を作成する。各自の関心事に共通する欲求，利害，対立を探究し，解決策を考え，それぞれの結末を予測する。こうした指導過程で子どもたちが実際に争いの解決に取り組み，解決する力を育成できるようにする。

④ 著者らの研究

われわれ筆者たちも，「現代的な課題」を解決する道徳授業を日本で提案してきた。例えば，拙著『子どもが考え，議論する問題解決型の道徳授業事例集』（図書文化）などで，具体的な指導案と実際の授業実践例を示してきた。

これらの授業は，子どもが社会的な問題に向き合い，当事者として多様な解決策を考え議論するうえで有効であった。そのいっぽうで，対立するどちらかの立場になって自分の主張を擁護することがあり，相互に納得できないままにオープン・エンドで終わる事例も多々あった。

本書では，「現代的な課題」に対して子どもが中立的な第三者となり，利害関係のある当事者間の問題を解決する授業展開を多く取り上げている。そうすることで，より公正，公平で中立的な立場から当事者双方の利害関係を冷静に把握し，両者に共感的に理解しながら適度な調整ができるようになるうえ，こうした問題解決のやり方を自分たちの日常生活のトラブル対応にも柔軟に応用・汎用できるようになると想定される。

第4節 道徳科と社会科がコラボレートする意義

新設された道徳科で，これから「現代的な課題」に向き合おうとする場合には，こうしたテーマを授業で積極的に取り上げてきた社会科の指導スタイルが参考になるだろう。実際に諸外国では，道徳科の授業を社会科の教員が（特に中学校レベルで）専任で受けもつ場合が少なくない。

世界的に見ると，20世紀初頭までは，国語科の指導法に倣って，道徳で登場人物の気持ちの読み取りを行う国々もあったが，20世紀も後半に入ると，こうしたスタイルを続けている国は稀になり，子どもが道徳的問題を主体的に考え議論する授業スタイルに切りかえる国が多くなってきている。

このあたりの事情も踏まえて，わが国の特殊事情を概観しておきたい。

1 日本における道徳の指導法の変遷

戦前の修身科では，国定教科書を用いて先人・偉人の教訓的な話や模範的な事例を取り上げ，それを子どもに見習わせようとする指導が多かった。それに対して，戦後は，戦前の修身科への反省もあり，社会科の中に道徳教育を取り入れ，「社会生活についての良識と性格を養うこと」がめざされた。

社会科の下位目標としては，「生徒に各種の社会，すなわち家庭・学校及び種々の団体について，その構成員の役割と相互の依存関係とを理解させ，自己の地位と責任とを自覚させること」であり，もう一つの目標は，「自分で種々の情報を集めて，科学的総合的な自分の考えを立て，正義・公正・寛容・友愛の精神をもって，共同の福祉を増進する関心と能力を発展させる」ことである。この時点では，社会科が道徳教育を兼ねており，価値判断や意思決定の教育もしていたところがある。当然ながら，教師が子どもに道徳的価値を教え込むような授業ではなく，子ども自身が諸問題を主体的，民主的，批判的に考え議論する授業であった。

その後，学校教育における道徳的混乱や少年犯罪の増加などを受けて，社会科とは独立した道徳授業を設置しようとする機運が高まり，昭和33（1958）

年に「道徳の時間」が特設されることになる。「道徳の時間」が特設された当初は，さまざまな指導法が提案され，社会科に倣って社会的問題を解決する学習や日常生活の問題（行動）を解決する学習も盛んに行われていた。

さらに，1960年代半ばには道徳授業の指導法を確立させようとする動きがあり，社会科や特別活動（学級活動）から距離をおいて，国語科の指導法を見倣った「読み取り道徳」の授業が主流となっていく。この指導法は，国語科における物語文の指導法を借用して，登場人物の気持ちや作者の意図を読み取り，教材がねらっている道徳的価値を自覚（理解）させようとするものである。教材には作者の意図が反映されており，そこに含まれた道徳的価値を読み取らせることが道徳授業のねらいとされる傾向もあった。

そのため，子どもたちはその道徳的価値を推測したり教師のねらいを忖度したりして，主体的に考えたり批判的に議論したりすることや，多面的・多角的に考えたり協働して問題解決したりすることが難しかった。

2 「特別の教科　道徳」の誕生

そうした経緯や事情を踏まえ，「特別の教科　道徳」（小学校では2018年度より本格実施，中学校では2019年度より本格実施）を新たに設置するうえでは，従来のように登場人物の心情を「読み取る道徳」から，人生の諸問題を「考え，議論する道徳」へと質的転換を図ることがめざされた。

そもそも小学校の道徳教育の目標は，学習指導要領の総則（第１章第１の2の中段）に示されているように，「自己の生き方を考え，主体的な判断の下に行動し，自立した人間として他者と共によりよく生きるための基盤となる道徳性を養うこと」である。こうした「よりよく生きるための基盤となる道徳性」を養うためには，子ども一人一人が現代的な課題を含めた人生の諸問題に向き合い，どう生きればよいかを主体的に考え，よりよいと判断した行為を具体的に実践していくことが必要となる。

こうした道徳教育の目標を具現化するために，新しい道徳科の目標は，「道徳的諸価値についての理解をもとに，自己を見つめ，物事を（広い視野から）多面的・多角的に考え，自己の（人間としての）生き方についての考えを深める学習を通じて，道徳的な判断力，心情，実践意欲と態度を育てる」（括弧内は中学校）に刷新された。

従来の「道徳の時間」では，既定の道徳的価値を子どもに自覚させること，それ自体が目標のように捉われてきたが，「道徳科」では，道徳的諸価値についての理解を，考え議論するうえでの前提条件とみなし，大事なのは「道徳的な判断力，心情，実践意欲と態度」という資質・能力の育成であることが強調されたのである。

3　社会科と道徳科

道徳科がめざすこうした指導，つまり，子どもが主体的に考え，協働的に議論する指導を戦後から一貫して行ってきているのが「社会科」である。

新学習指導要領における社会科の目標は，「社会的な見方・考え方を働かせ，課題を追究したり解決したりする活動を通して，グローバル化する国際社会に主体的に生きる平和で民主的な国家及び社会の形成者に必要な公民としての資質・能力の基礎」（小学校）を育成することである。

この目標を具現化する下位目標であり，思考力・判断力・表現力等に対応している目標が，「社会的事象の特色や相互の関連，意味を多角的に考えたり，社会にみられる課題を把握して，その解決に向けて社会への関わり方を選択・判断したりする力，考えたことや選択・判断したりする力，考えたことや選択・判断したことを適切に表現する力を養う」ことである。

また，学びに向かう力・人間性等に対応している目標が，「社会的事象について，よりよい社会を考え主体的に問題解決しようとする態度を養うとともに，多角的な思考や理解を通して，地域社会に対する誇りと愛情，地域社会の一員としての自覚，わが国の国土と歴史に対する愛情，わが国の将来を担う国民としての自覚，世界の国々の人々と共に生きていくことの大切さについての自覚などを養う」ことである。

こうした社会科の目標は，教育基本法や学校教育法に定められた教育の根本精神にも対応しており，当然ながら道徳科の目標とも重なるところが多い。

さまざまな価値観が渦巻く現代社会において，道徳科でも「物事を（広い視野から）多面的・多角的に」考え議論する資質・能力の育成が求められたのは当然の成り行きである。今回の道徳科の設置にあたり，多面的・多角的に考え議論する指導法を確立するために，道徳科と社会科のコラボレーションは非常に重要な意義をもつことになる。

第5節 現代的な課題に取り組む道徳授業の構成

「現代的な課題」に取り組む道徳授業の学習指導過程にはさまざまなアプローチがあるが，ここでは社会科の指導法も参考にしつつ，問題解決的な学習を取り入れた道徳授業の一般的な学習指導過程を提示しておきたい。

1 導入

導入では，現代的な課題について子どもたちの興味・関心を高めることが大事になる。例えば，地域のゴミの出し方について考える際に，自分たちも，学級のゴミ出しに当番制や廃棄のルールなどの課題を抱えていることを思い出させるようにしていく。現代的な課題と身近な問題とがつながっていることを意識できるようにするのである。

授業で扱う現代的な課題について，予備知識を提供しておくと有効な場合もある。例えば，環境問題を取り扱う場合，これまでに取り組んだリサイクル活動を振り返ったり，環境汚染の学習で学んだことを復習したり，身近な環境汚染の問題を紹介したりする。

また，現代的な課題について話し合うために必要な基本ルールを確認しておくことも大事である。特に，現代的な課題に対応した道徳授業を初めて実施する場合は，事前指導か導入のところで問題解決学習のやり方や話し合いのルールを説明しておくとよい。

話し合いのルールとして，以下に5つの基本ルールを示しておく。

①異なる多様な意見をよく聞き，相手を一方的に攻撃したり誹謗中傷したりしない。

②行き詰まった状況でも，それを打開できる案を柔軟にいくつも考える。

③攻撃的な態度になることなく，建設的で前向きな態度で問題に向き合う。

④互いに尊重し合い，意見の食い違いを受け入れ，正当に評価する。

⑤事実に基づいて客観的に理解し，互いに納得し合える解決策を考える。

2 展開（問題発見と問題解決を通した学習）

〈問題状況の把握〉

展開では，教材を読み，問題状況をよく把握したうえで，自分の立ち位置を確認する。これから授業で扱う課題について，当事者が主張していること，当事者の間で争っている内容，その経緯や背景などを理解するのである。

例えば，トラブルの当事者として被害者・加害者・傍観者などの立場を特定して，それぞれの立場から問題点を指摘し合う。問題点が明確になったら，解決すべき課題をワークシート（またはノート）に書き込む。ここでは，当事者の利害関係を確認したり，隠された主題を発見したりすることになる。

〈複数の解決策の提案〉

問題状況が把握できたら，一人一人が当事者の立場に立って問題解決を考え，具体的な解決策を自由に考えてワークシートに記入していく。さまざまな立場の当事者の意見に耳を傾け，それぞれの都合に配慮しながら，公正，公平で正当な解決策を考えていく。

次に，4人1組などの学習グループでブレーン・ストーミングを行い，それぞれの考えた多様な解決策をできるだけたくさん出し合う。互いの意見を聞き合いながら，新しい視点や考え方，自分と異なる意見などはメモをしながら話し合う。その後，複数の解決策の中から，より望ましく実行可能と思える解決策をグループの中で絞る。その際，「その解決策は実行できるか」「すべての関係者を配慮しているか」「その解決策を行うと，どのような影響を及ぼすか」などについても考えながら，意見をまとめていく。

〈議論（意見調整・合意形成）〉

グループで話し合った内容を，学級全体で発表し合う。各グループの発表者は，自分の意見を述べてもよいし，グループ全体で話し合った内容をまとめて述べてもよい。そして，当事者たちが互いに納得できる最善解を検討し，合意を形成していく。

学級全体で解決策を吟味する過程では，ロールプレイ（役割演技）をして，複数の解決策を比較検討してみることもできる。対立する当事者の異なる立場を経験し，できれば役割交代もして，それぞれの立場でどの解決策が最も納得できるかを考察する。

このようにして個人やグループで考え議論した内容を踏まえ，より多くの人が納得できる解決策を学級全体で作り上げ，可能なら合意を形成する。合意形成した内容が，学級のルールなど現実的に実践可能なことであれば，契約書などを作成することもできる。

3 終末（振り返り・まとめ）

終末（まとめ）では，授業全体で「何を学んだか」「何を考えたか」を各自で振り返る。「グループや学級全体で合意形成する過程で，相互に尊重し合い，寛容の精神をもって対応できたか」「関係者に配慮しつつ公正，公平な判断ができたか」などを振り返って発表し合う。

また，授業で学んだことや考えたことを，今後の学校生活や次回以降の授業にどう活かせるかについて考える。教材の中だけでなく，日常の学校生活にも汎用できるようにするためである。できるだけ現実の問題と関連づけながら，学んだことを実際に日常生活でも役に立てられるようにする。もし可能なら，取り上げた現代的な課題と関連の深い方や，その分野に詳しい方をゲスト・ティーチャーとしてお招きし，専門家の立場からコメントしてもらうこともできるだろう。

4 学んだ課題解決を現実に応用（事後指導）

授業後1～2週間のうちに，授業で学んだこと（問題解決の知識や技能など）を，日常生活に適用した成果を発表し合う場を設けることも有効である。

例えば，道徳授業で介護の問題を取り上げ，社会的弱者の立場で多様な解決策を考える必要があることを学んだ後に，児童会・生徒会活動で，低学年の子どもたちにどのように配慮した活動ができたかを発表し合うなどである。

道徳授業と関連した教育実践では，ワークシートや日記などに感想を書きとめておくようにすると，道徳での学びが適切な行動や習慣につながったかを，子ども自身も振り返る機会とすることができる。

以上を基本形としながら，学校種や子どもの発達段階や学級の実態に合わせて，授業者の判断で柔軟に組み立てることができる。大事なのは，授業の型にとらわれるのではなく，生きて働く道徳性を育成することである。

第６節 現代的な課題を考え議論する道徳授業の成果と課題

多様な現代的な課題について，子どもたちが考え議論する道徳授業の開発・実践を進めるなかでは，話し合いが深まり充実した授業になる場合もあれば，話し合っても混迷を極めるばかりで課題が残った授業もあった。

本節では，これまでにみえてきた授業の成果と課題をまとめ，さらに今後の対策を示しておきたい。

1 現代的な課題に対応した道徳授業の成果

本書の実践（第３章）からわかるように，「現代的な課題」に取り組む道徳授業には多種多様な内容があり，授業スタイルも数多くある。共通するのは，実際に起きた現代的な課題を取り上げた場合，子どもが非常に興味や関心をもつことが多く，話し合いにも意欲的に参加する傾向があることである。

〈多様な価値観への気づき〉

読み物教材を読んで登場人物の気持ちを理解する従来の授業スタイルでは，子どもたちはどうしても狭小で単一的な価値観に収斂していく傾向がある。教材に作者の意図が反映されており，そこに含まれた道徳的価値を読み取らせることが授業のねらいとされることもその一因であろう。

それに対して，実際の社会で起きた現代的な課題を見すえ，問題解決にあたっていく授業スタイルでは，自分とは異質な価値観や対立する価値観などがみえてきて，柔軟に広い視野から物事を見ることができるようになる。授業後に聞いた子どもたちの感想も，「いろんな考えを理解することができて面白かった」「現実の話を自分なりに考えてまとめるのは大変だったけれど，ためになった」などであった。

このように，子どもたちは現代的な課題を考えることで，この世には多様な価値観があることを理解するようになる。

〈多様な立場の人々への気づき〉

現代的な課題の問題解決を考える場合，問題を訴えている人の立場だけでなく，相手の立場や第三者の立場などで考えなければならないため，見方が広がり，より客観的かつ中立的に考えられるようになる。実際に子どもたちは，問題を解決するために意図的に多面的・多角的に考え判断するようになり，現実的な視点から解決策としての合意を形成したり，裁定や和解や調停をまとめたりすることができるようになった。

特に，子どもたちが中立的で公正，公平な第三者の立場に立つ授業展開では，立場の異なる当事者間の利害関係に関する言い分に共感的に理解したり，不足情報を当事者から聞き出したりしたうえで，当事者たちが相互に納得し合える解決策を提案するなど，問題解決能力を高めていた。

〈どうすれば解決できるか，解決に何が必要か〉

現代的な課題に含まれている問題は実際のところ非常に根深く，広い範囲にわたっているため，子どもたちだけでは解決できない場合もでてくる。そうした場合，教師や保護者や地域の人々と交流しながら問題を解決しようとする姿も子どもたちにでてくる。

例えば，ある子どもは授業で環境問題に関心をもち，その後，新聞や雑誌で関連する記事を集め，より総合的な見地から道徳的諸価値と結びつけて意見を作り出していた。また，インターネットや図書館の本などを使って関連情報を集める子どもたちもいた。

このように道徳科の問題解決的な学習は，探究学習や発展学習につながっていき，授業後の学習にも自然と関連してくる。

〈問題解決力をもつ自己への気づき〉

子どもたちは，現代的な課題が自分たちにも関係があるとわかると，その問題状況や利害関係者の実情を積極的に理解するようになり，現実的に問題を解決しようとするようになる。実際，授業後の日常生活でも，こうした社会的問題解決能力を学校生活の諸問題に汎用する姿が，子どもたちの中に数多く見られるようになっている。

こうした道徳授業を定期的に行うことで，より難しい問題やトラブルにも向き合い，自分たちの力で解決できるようになると思われる。

2 現代的な課題に対応した道徳授業をするうえでの留意点

「現代的な課題」を取り扱ううえでの授業の留意点についても，4つほど示しておきたい。

〈前提の必要性〉

現代的な課題を扱う道徳授業では，教師も子どもたちも，事前にその課題の経緯や背景をある程度まで理解しておく必要がある。現代的な課題が抱える問題は意外に根深く，専門的知識が必要なことがある。ある程度の基礎知識や問題に対処する技能をもっていないと，なかなか議論が深まらなかったり，見当違いな方向に話し合いが進んでしまったりすることもある。

例えば，サルやシカなど野生動物の問題についてせっかく子ども同士で熱心な話し合いをしても，最後に大人が現実的に下した結論（高齢で悪質な行為をした野生動物だけを分別して，全体の何割かを駆除する）を紹介するだけだと，子どもたちが出した意見が見劣りして白けてしまう場合もある。

考え議論する前に，現代的な課題について，そこに至るまでの経緯や背景，類似した事例の解決例などを子どもたちが理解しておくと，問題解決の話し合いも深まり，解決策の内容も充実してくる。

〈機会の平等〉

子ども全員が興味・関心をもって現代的な課題の解決に関われるようにする。例えば，物損事故の加害者，被害者，第三者に分かれて，それぞれの立場で問題解決する授業をしたところ，第三者の立場の者だけが問題解決を担当し，他の役割の子どもたちは当事者としての主張をするだけになったことがある。このような場合，授業の中で立場や役割を交代するなどして，全員が問題解決学習を体験できるように配慮する必要がある。

反対に3つの立場に分かれずに，子ども全員が第三者の立場で問題解決する場合は，当事者たちの状況や利害関係を，それぞれの人の立場に立って共感的に理解しようとする態度が大事になる。立場が変われば，物事の見え方が根本的に変わってくる。たとえ加害・被害の関係がある場合でも，加害者側にもさまざまな理由があり，被害者側にも事情がある場合もある。他人事として，当事者の誤りや失敗を一方的に責めたり批判したりするのではなく，それぞれの立場の意見を十分に尊重して理解したうえで，問題を多面的・多角的に考え，総合的に判断できるようにしたい。

〈話し合いプロセスの構造化：建設的な話し合い〉

現代的な課題は多くの道徳的諸価値を含んでおり，それを解決する際にも多種多様な解決策が出てくる。こうした複雑に絡み合う道徳的問題の解決策を一つにまとめるためにはかなり時間がかかる。あらかじめ，これからどのような問題解決のプロセスを踏むのか，どのような意見の対立があるのか，どのような価値観が対立するのかについて，子どもたちのほうでもイメージを理解しておくと，個別学習やグループ学習がスムーズに進む。

〈当事者性と中立性〉

問題が社会的に大きなものであればあるほど，自分との距離は大きくなり，人ごとになったり，無責任な発言をしたりしがちである。例えば，大地震のような災害も自分たちではどうしようもないと考えると，すべてが人（行政）任せになり，「行政の指導に従ったために被害が広まった」「自分には十分な補償がなかった」などと，後から一方的に不平や批判を述べることになる。しかしいっぽうで，当事者として「いま，ここで何ができるか」を主体的に考え，判断し，行動することも可能なはずである。実際の状況を改善するために，問題を発見するだけでなく，解決するところに重点をおきたい。

また，中立的な第三者の立場のときには冷静に判断できても，当事者の立場の場合には，利害関係や自分の中での感情的なもつれから，問題にうまく対処できなくなることもある。例えば，クリーニング屋で服にアイロンの焦げ跡をつけられたという問題に対して，中立的な第三者の立場では「寛容な精神をもつべきだ」とか「既定の費用を弁償してもらうべき」と考えていても，被害者の立場に立ったときには「絶対許さない」「法外な弁償を求めるべき」と主張する場合がある。当事者のそれぞれの立場に共感はしても，自分の中に冷静な第三者を設定し，中立的な立場から的確な解決策を考え，みんなが納得し合える解決策（最善解）を導き出すことをめざしたい。

子どもたちがこの種の道徳授業に慣れてくると，第三者として考えた中立的な意見に，当事者間の言い分などの情報も追加しながら，全体の意見をさらに修正したり議論したりして，解決策をまとめていくことができるようになる。子どもの問題解決プロセスへの慣れや熟練度に合わせて，学習全体を構成することが大事である。

コラム

社会的問題に対応した道徳授業がなぜ必要か

弁護士　森 炎

■ イジメはなぜなくならない

いま，学校教育の現場で最も深刻な問題といえば，「イジメ」問題でしょう。イジメは，学校の場を超えて，大きな社会問題にまでなっています。

もともと，差別やイジメが絶対にいけないことは，大多数の人がわかっているはずです。道徳の授業の中で「イジメはいけない」と言われて，「なぜ，イジメはいけないのだろうか」と疑問をもつ人は少ないはずです。また，「イジメはよいことだ」と本気で考える人は，おそらくいないでしょう。けれども，現実には，学校の中でのイジメは，なかなか，なくなりません。

みなさんは，アウシュヴィッツ強制収容所のことは，ご存知でしょうか。第二次世界大戦の時期に，ヨーロッパでユダヤ人のホロコースト（ユダヤ民族大量虐殺）が起こりました。その実行責任者は，アドルフ・アイヒマンというナチス・ドイツの官僚でした。アイヒマンが実行した絶滅政策によって犠牲になったユダヤ人は，600万人に上るともいわれています。しかし，アイヒマンは，実生活では，近代哲学の祖・カントの道徳哲学書を愛読するまじめな人でした。

道徳の授業の中でいくら立派なことを教わっても，それを抽象的に受けとめるだけでは，このようなことが起こり得ます。私たちは，現実の社会問題を通して，道徳律の現実的意味を理解する必要があります。抽象的な徳目だけでは，どうしても，お題目と化してしまう危険があるのです。

■ 生活保護をめぐる社会的問題

生存権思想の話をしましょう。私たちにとって，生きることは何より大事なことですから，現代社会では，生存権が保障されることは当然のこととされています。ところが，生存権の保障は，中間層にとっては，実は，痛みを伴うつらいことでもあります。困窮者の生活保護費は税金で賄われますから，中間層の人々は，楽ではない暮らしから税負担を強いられることになるからです。
もともと，生存権を初めて保障したのは，ドイツのワイマール憲法（1919年）でした。しかし，その後，わずか十数年ほどで，ドイツ国内では，７万人といわれる障害者の大量抹殺（薬剤による安楽死）が生じます。その背景には，働けない人々の生存保障のための福祉コストが増大し，国家財政を圧迫し続けるという事情がありました。議会や民衆からは，それだけの経済的負担には，もはや耐えられないとの声があがっていました。
道徳を守ることは，多くの場合，苦しさやつらさも伴います。その苦しく，つらい場面でどのような態度を取れるか，それが社会問題を通して問われることになるのです。

■ 私たちは平等？

「人は，みな，平等」「差別はいけない」といわれますが，本当に，私たちは平等でしょうか。現実には，私たちの生きている社会は，不平等でいっぱいではないでしょうか。
生まれつきの能力や容姿や貧富の差で，世の中では扱いが違ってきます。幸福になれるかどうかも違ってくるのかもしれません。経済活動は，明らかに弱肉強食で動いています。一昔前には，さかんに「勝ち組，負け組」などと言われ，人の価値を区別するかのような世の中一般の風潮もありました。
このような現実の中では，差別やイジメに傾く気持ちも起きてきます。自分一人だけイジメに反対する気になれないというのは，なおさら，わからないこともありません。けれども，それでも「人はみな平等」だというからには，そこで，どのような態度を取れるかが問われるのです。
私たちは，現実は平等でないと知っているからこそ，その中でどのような態度をとれるかが，痛いほどに鋭く問われると考えるべきなのでしょう。

columm

第2章

価値判断力・意思決定力を育成する社会科授業に学ぶ

1 価値判断力・意思決定力を育成する社会科授業とは

1　変化の激しい時代に

2　いま社会科に求められる「基礎・基本」

3　学習指導要領に示された新たな課題

2 価値判断力や意思決定力を育成する社会科学習をどう創るか

1　価値判断力・意思決定力を育成する社会科授業の学習過程

2　意思決定について

3　価値判断を深める話し合い

4　話し合いを深めるポイント

5　共通体験が議論を豊かにする

6　何について価値判断するか

3 価値判断力・意思決定力を育成する社会科授業の実践例

4 社会科の実践にみる，現代的な課題への取組みのポイント

第1節

価値判断力・意思決定力を育成する社会科授業とは

1　変化の激しい時代に

社会の様相は日々変化している。予想もしなかった東日本大震災が2011年に起こり，二万人もの人が亡くなった。また，福島第一原子力発電所の崩壊，放射能漏れの事故も発生した。津波で破壊された地域の復興はもちろん，日本の将来の電力確保の問題は国民的な課題となっている。ほかにも，私たちの生活をよりよくするための現代社会の課題は山積みである。年金問題，雇用問題，少子高齢化問題，竹島や北方領土などをめぐる領土問題……，枚挙にいとまがない。

環境教育，エネルギー教育，シティズンシップ教育，防災教育，法教育，人権教育，金融教育，情報モラル教育，伝統文化教育，キャリア教育，消費者教育，食育，性教育，モビリティ・マネージメント教育なども，これからの社会を生きる子どもたちにぜひとも学ばせておきたい内容である。

これらの課題を引き受けて，学校では社会科を中心に，道徳，理科，保健体育科，家庭科，特別活動，総合的な学習の時間などを活用して教育実践がすすめられている。しかし，学習指導要領の各教科の指導内容とこれらの現代的課題が一致しているとはかぎらず，また時間の不足もあって，子どもに必要な教育だと承知しながらも十分な教育がなされていない現状がある。

日々刻々と変化する社会的事象や社会にみられる問題に対して，自分は何に価値をおくのか，最終的にどのような意思決定をするのか，創造的に考える資質を子どもたちに育てていくことが問われている。

2　いま社会科に求められる「基礎・基本」

このように，現代社会は，多様で困難な問題に対して，何とか解決策を提案し，それを実行していかなければならない時代である。

これまで小学校の社会科授業は，どちらかと言えば社会の仕組みがわかるという段階でまとめられていた。しかし，これからの社会科では，これからの時代を生きる子どもたちに，社会において判断をする能力を育成することを射程に入れるべきである。

判断の基盤となる知識を習得し，その知識を用いてさまざまな社会的事象との関連から問題を発見し，多くの人々と相互対話を通じて主体的に社会と関われる，「自立した個」の育成をめざすことが重要である。社会の状況を的確に捉え，人々が幸せになるための価値判断や意思決定を行う能力こそが，いま求められる社会科の「基礎・基本」なのだといえるだろう。

これからの社会科学習では，知識を覚えるだけではなく，身近な社会的事物や事象に対して問題意識をもち，多くの人々と対話し，主体的に社会的な価値判断や意思決定をしていく子どもを育てることが，ますます重要になる。

3　学習指導要領に示された新たな課題

教科としての社会科の目標は，「公民的資質の基礎を養う」ことである。

『小学校学習指導要領（平成29年告示）解説　社会編』では，公民的としての資質について「広い視野に立ち，グローバル化する国際社会に主体的に生きる平和で民主的な国家及び社会の有為な形成者に必要な資質・能力」と説明している。また，社会科の目標に「社会的事象の特色や相互の関連，意味を多角的に考えたり，社会にみられる課題を把握して，その解決に向けて社会への関わり方を選択・判断したりする力，考えたことや選択・判断したこと適切に表現する力を養う」と「選択・判断」の文言が明示されている。

現行の学習指導要領（平成20年版）には「よりよい社会の形成に参画する資質や能力の基礎を培う」の文言が示されている。

「社会の形成に参画」という言葉だけをみれば，社会科学習で学んだことを直接行動に移していくことが重要であるようにみえるが，単純な気分次第の判断に基づいた行動を社会科学習の成果としてはならない。例えば，消防の授業を終え，すぐに消防団に入ろうと誘い合ったり，環境について学び，ゴミ拾を呼びかけたりするのが，社会科で目標とする参画ではない。

社会の本質を見極め，価値をしっかりと学び，個々が情報をもって判断をしていく価値判断を行うことを基礎・基本としてこそ，よりよい社会の形成に参画する資質や能力の育成に意味を成すのである。

第２節

価値判断力や意思決定力を育成する社会科学習をどう創るか

1　価値判断力・意思決定力を育成する社会科授業の学習過程

仮設としての学習過程
0．共通の体験
1．自分なりの考え
2．他者との考えのずれ
3．事実を多面的に見直す
4．社会認識の深化
5．社会的な見方・考え方の習得

選ぶ活動

価値判断力・意思決定力を育成する社会科授業の学習過程について，本書では，上図のように仮説を立てて取り組んでいる。この学習過程は1時間の学習の流れとしてもよいし，数時間の単元の指導計画として考えることもできる。実際には，社会科では社会的事象を調べる活動を重視するため，1単元（数時間）の学習過程として捉えることが多い。

学習過程の1では，子どもに自分なりの意思決定を求めると同時に，自己と他者の価値の相違に気づくことを大切にしている。学習過程の2，3ではその気づきを学習活動の中心に位置づけて，「話し合い」という相互行為によって，独りよがりであった価値判断を，より社会的な価値判断に変革していくことをめざす。また，学習過程の1～3は，単元の中で繰り返し行われることになる。「価値判断して，考えて，また価値判断して，考えて……」とスパイラルに学習が進められる。

2 意思決定について

人が何かしらの判断を下すとき，何も考えずにＡかＢかを選択することは少ない。どの人も，その人の生活経験や自分なりの価値観を根拠として，思考を働かせる。そして自分なりに価値判断して，意思決定を行うからである。

例えば，小学校1年生に三人の武将（織田・豊臣・徳川）の肖像画を並べ，「どの人が一番好きだと思いますか」と尋ねるという実験授業を行った。歴史的な内容は何も学んでいない1年生の子どもたちからは，「この人（信長）がいい。刀を持っているから」「この人たち（秀吉，家康）は帽子をかぶっているので偉い人だと思う」「この人（信長）は，肩のところに，うちの学校の印（校章）と似ている印が書いてあるからいい人だと思う」と，実に子どもらしいが発言が返ってきた。このように，小学校1年生の子どもであっても，肖像画を見て，だれが好きと思うかを判断することはできる。その際，子どもなりの思考を働かせて根拠を示すこともできる。

「だれが好きか」という質問に対する判断は主観的なものである。それでも，小学生1年生と6年生では，好き嫌いを判断するときの基準の広さや深さが異なってくる。三人の武将に関する知識が増えた6年生では，判断を下す根拠が1年生のように感覚的なものではなくなるからである。

3 価値判断を深める話し合い

これまでの社会科授業では，社会認識を育成することが重視されてきた。価値判断力や意思決定力を育成する社会科授業では，「価値判断力」の育成をより重視している。価値認識について今谷順重は次のように述べている。

「子どもたちは現実の社会生活において，しばしば，様々な矛盾・葛藤場面に直面する。その場その場で，意思決定や問題解決に迫られるわけであるが，その場合に客観的・科学的認識は，責任ある自立的な社会判断のための必要条件になりえても，十分条件にはなりえない。人間の社会的行為の動機的源泉は価値や規範の領域に根ざしているがゆえに，自分の行動を方向付ける明確な価値の獲得なくしては，人々は真に民主的な生活様式を確立することができないのである。」（今谷順重『社会科重要用語300の基礎知識』明治図書，2000）

社会のさまざまな価値について議論し，「自分の行動を方向付ける明確な価値」を見つけることこそが，「よりよい社会の形成に参画する資質や能力」を育てることにつながっていくのである。

このように，価値判断力の育成をめざす学習は，社会認識も確かなものにしたうえでなければ成立しない。事実に基づいた話し合いを構成し，価値を問うことで，社会認識と価値判断がともに育成されるのである。

4 話し合いを深めるポイント

話し合いを深め，意味あるものにするために留意することは何であろうか。

そのポイントの一つめは，課題に対する事実認識を確かなものとするために，意味のある「調べ活動の時間」を設定することである。

子どもたちが，自分の価値判断をより確かなものにするためには，自分とは違う価値判断をした者と関わりをもち，互いの価値判断を比較検討しながら，自分の考えを，追求，発展させていくことが大切である。また，自分自身を第三者のような立場に追い込んで，人はその意見を支持するのかという客観的な見方を養うことも重要である。

そのためには，自分の考えをはっきりさせると同時に，他者の考え（論理や理屈を含む）を根拠とともに理解することが大切である。ほかの子どもや大人が根拠とした事実（社会的事象）が具体的に示されることで，子どもは話し合いの中でより多角的に理解し，より多角的に考えるようになっていく。

ポイントの二つめは，「振り返り」を大切にすることである。具体的には，話し合いの後に，振り返りの作文を書くことである。

作文を書くことで，子どもは授業の過程を振り返り，価値の矛盾や葛藤状況を多面的・多角的に分析し，そのうえで，自らの価値を主体的に表明することができる。そのような場（時間）として，振り返りを提供する。

5 共通体験が議論を豊かにする

「共通体験」とは，子どもたちを話し合いの土俵に乗せるための手だてである。子どもたちが共通体験を通して得た共通の気づきをもとに，価値判断すべき現代的な課題について，話し合えることを目的としている。

「共通体験」で気づいた疑問点，問題点を子どもが個々に表出する中で，価値判断すべき問題が学級全体の問題となり，それが子どもに共有されることが望ましい。問題意識が共有化されると，目の前の問題に対して隣の子はどう思ったのかを対話をしてみたいと動機づけも図られる。その結果，自分で調べたり考えたりしたい，考えを比較したいなどという後の学習の成立へも意欲が継続できると期待できる。このように，「共通体験」は学習問題の設定の段階で，非常に重要な役目をもつ。

「共通体験」には，実体験だけでなく，模擬的な体験やビデオ鑑賞や，資料をもとに話し合ったりする体験も含まれる。子どもの発達段階に応じて，直接的な体験から間接的な体験へと，体験の内容を変えていくことが可能である。ときには，教師が提示した資料を読み取ることを体験とする場合もある。

6　何について価値判断するか

授業で価値判断すべき問題をどのように決定するかは大変重要で，価値判断力・意思決定力を育成する社会科学習の成功・失敗の分かれ目になる。

社会科では，個人の視点だけではなく，社会の問題，社会的な価値観に思考が向くような論題や学習問題を設定することが一番大切になってくる。

例えば，放置自転車や違法駐車の問題を考えてみよう。駅の改札口前に自動車や自転車を停められるのは個人にとって便利である。ただし，駅を利用する他者にとっては，通行の妨げになることもある。このように，他者を意識した判断は，社会的な価値判断となり，社会科の学習として論題にふさわしいものになる。

社会的事象には，そもそも道徳的価値が対立するジレンマ状態がよく見られる。例えば，自然保護か開発かという具合に，どちらも大切にしたいが，現実はどちらも同時に成立しない状況がよく見られる。そのような社会的事象について話し合う学習を設定するのが有効である。

価値判断には，倫理的判断（いいか悪いか）と規範的判断（べきか否か）の2種類がある。この二つの問い方を基本として，子どもの実態と現代社会の課題を考えて，学習問題を設定する。場合によっては，大人が考えても判断に迷うような課題を子どもに問う社会科学習も可能である。

子どもの価値判断が分かれ，子どもの日常生活に関わりがあり，興味をもちやすく，しかも学習問題を追究することにより，社会科で押さえるべき知識理解が定着する学習問題を設定することが重要になる。

社会科

ごみはどのように捨てるべきか
―どの方法が一番よいのかを考える―

梅澤真一

1 子どもの実態

対象学年 **中学年（4年生）**

社会には多くの人々が暮らしている。人が集まれば，人それぞれの価値観が違い，大事にしたいことや大切にしたいことが異なってくる。だからといって，個々人で好き勝手にすればよいものと，個人だけではどうしても解決できないことがある。

例えば，クリスマスのプレゼントに何を買うかは，まったく個人的なことであり，だれが何を買っても一向にかまわない。ものによっては，高いものや安いものがあるが，それこそ，どこまでお金をかけるかは個人の価値判断や意思決定でよい。いっぽう，家庭から出たごみをどのように処理するかについては，個々人が焼却処分するよりも，市町村ごとにまとめて処分したほうが能率もよいし環境にもよい。

これは，人が移動する際にも同様で，一人一人が自動車で移動するよりは，公共の交通機関，例えば電車やバスを利用するほうがはるかに効率はよいし，環境に対する負荷も少ない。一人一人が自分の都合で自動車を利用すると，排気ガスはもちろん，渋滞を引き起こすことにもなり，車を利用しない者にも影響を及ぼす。

ただし，集団で何かを行おうとすると決まりが必要であるし，人にも気を遣う。なかには決まりを守らない人がいて不公平感を味わう場合もある。そのため最近は，集団で行う煩わしさを避ける傾向がみられるように思う。
　環境に対する配慮や経済的な出費を考えれば，一人でできることでも集団で取り組むことを選択したほうがよい場合もある。社会科では，意見の違う他者が集まる社会の中で，より公正，公平だと思う状況をいかにつくっていくのか，理想の社会をいかに形成するのか，その具体策を考え，企画し，実際に参画，参加することをめざすことが大切だと考える。

2 授業のねらいと教材

単元名　「ごみ集積所のあり方」について考える

　だれもが生活しているとごみを排出する。そのごみは，市町村が主体となって，税金を投入して処理をしている。これは，4年生で学ぶ内容である。清掃車（ごみ収集車）が自宅近くまでごみを取りに来て，清掃工場へ運んでくれるのは日本全国ほぼ同じであるが，回収所となるごみ集積所について詳しくみてみると，様相はさまざまである。
　本授業では，子どもたちの調べ学習からごみ集積所をおおよそ3つの型に分類し，地域住民にとって，より公平，公正な出し方は何かを，子どもと共に考えていくことにする。個人で考えるのではなく，学級のみんなと議論することで，多角的に公平・公正について考えられるようにしていきたい。このとき，公平，公正なごみ集積所の具体的姿，使用方法，管理規則について，実現可能な案を考えていくことにする。

3 指導上の工夫・留意点

○単元計画（複数時の場合）

第１次	家庭のごみはどこの集積所に出しているのか，だれが管理しているのか調べる	２時間
第２次	各家庭のごみ集積所の様子を友達に紹介し合う	１時間
第３次	３つ型を比較し，より公正，公平な集積所のあり方を考える【本時】	１時間

第4次	地域にある集積所の改善案を考え，ノートにまとめる	1時間

○ごみ集積所について

本授業では，第1・2次での調べ学習の結果から，ごみ集積所のタイプを「委託型」「地域分担型」「個別型」の3つに分けて議論する。

①委託型

マンションなどの集合住宅では，敷地内にごみ集積所が設けられている。そのため住民は敷地内のごみ集積所を利用できるのであるが，その管理は，お金を払ってマンションの管理人にお願いしている場合がほとんどである。住民は管理費を月々，数千円払い，そのお金で，ごみの整理，管理を委託する。管理人は，マンション住民から出されたごみを分別整理し，ごみ収集車が来る日に備え，指定された日時にごみを出す。ひと言でいえば【委託型】と言える形態である。

②地域分担型

戸建て住宅の多くは，10軒程度の家庭が1つの集積所を利用し，管理や掃除を分担して行っている。これは，【地域分担型】と言える。

集積所の場所は，大通りに面した家の前に設置されることが多く，その場所は移動しない。そこを利用する10軒程度の家庭が順番を決めて，ごみ集積所を管理する。例えば，カラス除けのネットを張ったり，清掃車がごみを回収した後に簡単な清掃をしたり，違法投棄がないように監視をしたりしている。ごみ集積所の場所は，その近くの土地は少し価格が安くなるようにして，あらかじめ住民が集積所の位置を納得したうえで，土地を購入できることが多くなっている。ただし，昔からごみをそこに置いていたというだけで，理由が明確になっていない場合もある。

③個別型

集積所の位置は，だれもが自宅前を嫌う。自宅前にあるか，少し離れたよその家の前にあるかということで，不公平感はぬぐえない。そのため最近では，それぞれの家の前にごみを置いて，清掃車に持って行ってもらうケースもあるという。つまり，自分のごみは自分で処理するという形である。これを【個別型】と呼ぶことにする。

自己責任型であるが，清掃車は個別に回らなくてはならず，時間も手間も負担をかけることになる。そのため，例えば東京都の新宿区では，「２棟以上（集合住宅にあっては，１棟以上）で共同して利用すること（規則）」とごみ集積所について基準を設けている。ただし，その詳細をみていくと，補足として「区長は，周辺の建築物の状況等によりやむを得ない事情があると認めるときは，【集積所設置基準】の1を適用せず，戸別の設置を認める場合があります」とも記されている。その地域に住む子どもによれば，「ごみ収集車の通り道に面している家は，個別にごみを出してよい」ということであった。

4　評価について

○本時における評価規準（学習目標）と評価方法

- ごみ集積所のあり方は，マンションなどの集合住宅や戸建ての地域により大きく異なっていることを理解する。
- ごみ集積所の利点や問題点，形態を比較し，地域住民にとって，公正，公平なごみ集積所のあり方，管理の仕方，使い方について考える。

5　展開例

■ 板書計画

ごみ集積所のあり方として，どの型が，地域の人たち，利用者にとって，一番公正，公平なのだろうか。

○管理人委託	○当番割り振り	○個人で出す
・専門家に頼む	・みんなで協力する	・気を遣わない
・お金で済む	・清掃車も便利	・清掃車の回収が大変

■ 指導案

<table>
<tr><th>おもな学習活動</th><th>指導上の留意点</th></tr>
<tr><td>1．ごみ集積所の様子を確認する。
○マンションの場合　住民が管理費を負担し，管理人など専門業者にごみの管理を委託している。
○戸建ての場合①
当番を決めて日替わりで管理している。
○戸建ての場合②
自宅の前に出しておくと持って行ってくれる。
自分の家のごみは自分で管理する。</td><td>・各自が調べた内容をノートで確認する。
・ごみ集積所がどんな様子だったか，数人の子に発表させる。
・ごみ集積所の様子の違いにより，3つの型に分ける。</td></tr>
<tr><td colspan="2">ごみ集積所のあり方として，どの型が，地域の人たち，利用者にとって，一番公正，公平なのだろうか。</td></tr>
<tr><td>2．自分の考えと理由をノートに書く。
マグネットで，意見を表明し，理由を述べる。
○戸建てで協力して順番を決めるのがよい。
・みんなが当番になるので公平。
○マンションのように管理人さんに頼むのがよい。
・みんなが同じだけお金を払っているから公平。
○自分の家の前に出すのがよい。
・自分のことは自分で，人に迷惑をかけないから一番よい。</td><td>・名前カードを黒板に貼らせる。そのことで，友達の意見が一目瞭然となり，自分の考えの位置づけが自覚できる。
・選択した理由を述べさせる。</td></tr>
<tr><td>3．自分とは違う考えの子に質問をする。
・戸建てで順番といっても，家族の人数やごみを出す量が家庭によって違う。お年寄りの一人暮らしや病気の人がいる家は当番になると大変。</td><td>・理由に対して意見交換させる。</td></tr>
</table>

・ごみ集積所のまん前の家がかわいそう。大変。 ・管理人を雇うとお金がかかる。月々いくら払っているのか。 ・一軒一軒回っているとごみを回収するのに手間がかかる。清掃車の仕事が忙しくなる。車が来ると危ない。	
4．ごみ集積所はどうあるべきかを考える。 ・ごみの量が違うといっても，地域のみんなで順番を決めて集積所を管理したらよい。 ・戸建ての家でも，仕事をしている人が多いので，マンションみたいにみんなで少しずつお金を払って，ごみ集積所の管理をしてもらうのがよい。	・地域住民にとって公正，公平なごみ集積所のあり方を考えさせる。何をもって公正，公平と言えるのか，根拠をもとに意見を述べさせたい。
5．話し合いを振り返り，最終結論をノートにまとめる。	・今までの話し合いを振り返り，それぞれの方法のメリットデメリットを確認し，一番公平だと思う方法を判断させる。判断結果と理由をノートに記す。

6　子どもの変容

(1) 成果

学習のはじめに，共通の体験として，利用しているごみ集積所の調査を行った。ごみ集積所の様子を丁寧に観察したり，担当者に聞き取り調査をしたりして，自宅のごみ収集方法をノートにまとめた。

共通の体験があるために，「ごみ集積所」の３つの型があることやその違いに気づき，比較し，どの型が利用者にとってより公正，公平なのかに根拠をもって，自分の考えを表現しようとする子どもが増えた。

判断が違う子どもの理由を聞き合うことで，「委託型」「地域分担型」「個別型」のメリットとデメリットを理解できた。どちらにしても，メリット，デメリットがあるなかでの話し合いを進めると，その話し合いから「このようにしたらよい」というような，改善策を提案する話し合いへと移行することがわかった。

話し合いをした後に，再度自分の考えを構築し，ノートに最終意見を書かせることで，より深く，多面的に考えることができるようになった。

（2）課題

ごみ集積所の管理者の様子から3つの型に分類したが，管理費を支払っている「委託型」と，個人住宅で行っている「地域分担型」「個別型」とを比較する難しさがあった。管理費を支払って人に管理を委託することと，自分自身が直接作業に関わってごみの管理を行う場合の比較，つまり，お金の価値をどのように理解するのかという点において，個々人のお金に対する価値観が違い，意見がかみ合わない点がみられた。単元のまとめとして改善案を考える方法をとったが，現行の「型」を変えようとする意見の記述が少なかった。

7　資料

● 自宅のごみ収集方法をまとめたノート

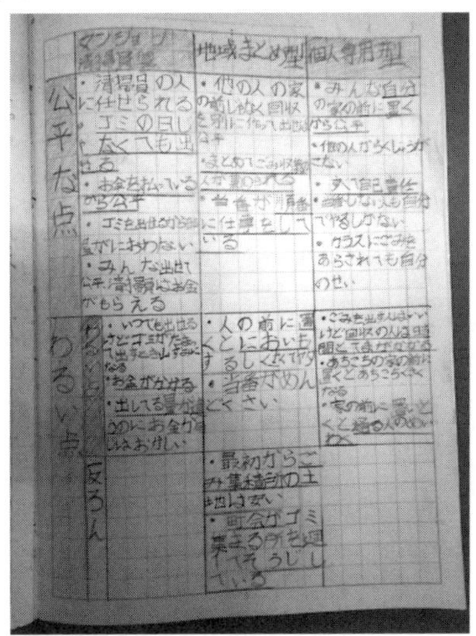

● 話し合いでまとめたノート

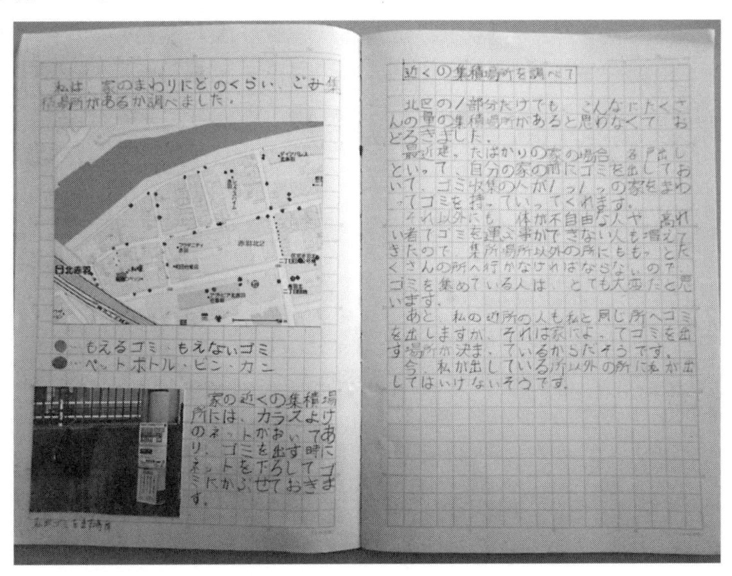

東京オリンピック2020

―「羽田空港の増便計画」について考える―

梅澤真一

1 子どもの実態

対象学年 高学年（6年生）

2020年に東京で開催されるオリンピックに興味関心，期待をもっている子どもは多い。オリンピックには多くの外国人が訪日することが予想できる。そこで，東京の玄関口となる羽田空港や成田空港においては，飛行機の発着回数を増やす計画が国土交通省を中心に検討されている。

発着回数を増やすためには，子どもたちが暮らす東京都心上空を通る飛行機の経路が新設されることになる。訪日外国人を増やすために，騒音などが増える新経路を増設すべきか否か，都民は迷っている。

2 授業のねらいと教材

単元名 「羽田空港の増便計画」について考える

成田空港と羽田空港を見学することから，本単元の学習を始める。双方の空港の見学を通して，子どもが五感で感じたことを大切にしながら，それぞれの空港の利便性について考えられるようにしていく。

第2次では，「どちらの空港がより訪日外国人にとって便利なのか」を話し合う。「はたしてどちらが便利なのだろうか」と自問自答する中で，また他者との対話の中で，子どもが自ら考察を深める探究学習が成立していくだろう。空港の利便性や問題点について，より多様な視点から検討し，深めていけることを期待している。

第３次となる本時では，「羽田空港の増便」という意見が分かれるであろう論題について学級で話し合い，どちらがよいか合意形成を図ろうとする活動の中で，自己の考えをより確かなものに育てていく。

話し合いでは，オリンピックを成功させること（外国から多くのお客さんを誘致すること）と，羽田空港近くに住む人々の騒音問題や安全確保（飛行機の墜落や部品の落下の危険性）という価値の対立が生じてくると予想される。空港見学や聞き取り調査などの体験を通して自分の考えを明確にさせ，子どもたちに自己決定力を育みたい。

3　指導上の工夫・留意点

○単元計画（複数時の場合）

第１次	２つの空港，成田空港と羽田空港を見学しよう（現地調査）	８時間
第２次	２つの空港を比べ，空港のあるべき姿を考えよう	２時間
第３次	成田空港と羽田空港は，今後どうあるべきかを考えよう【本時】	４時間

○単元のねらい

- 成田空港や羽田空港の様子を観察したり，空港関係の資料を活用したりして，成田空港と羽田空港のよさと問題点を理解する。
- さらに飛行場をよりよいものにするために，何をどのように変えていったらよいのか考える。

○羽田空港について

56年ぶりに東京オリンピックが開催される。開催地である東京都を中心にその準備が進んでいる。本稿の授業実践時からあと３年後の実施である。オリンピックが開催されることで，訪日外国人が大幅に増えることが予想される。年間4000万人以上の人が，日本を訪れるのではないかと言われている。そのような多くの外国人を迎えるために，日本の玄関口といわれる空港の整備が喫緊の課題となっている。

現在，東京の玄関口としては，成田空港と羽田空港が存在する。

成田空港は1978年に開港。最初は「新東京国際空港」という名称であったが，2004年に成田空港に改称された。成田空港は国内線が全体の23%，国際線が77%を占めており，海外への玄関口になっている。

現在，成田空港の1日発着回数は670回であり，海外就航都市数は107都市を数える。また，就航航空会社数は80社であり，ターミナルは，2015年に新たに開業した第3ターミナルを含め3つある。第1ターミナルはANA，第2ターミナルはJAL，第3ターミナルはLCCが中心に利用している。

羽田空港は1931年，羽田飛行場として開港し，終戦直後は米軍に接収されたが，1952年に返還された。羽田空港は国内線中心の空港だったが，2007年に政府が決めた「アジア・ゲートウェイ構想」を受けて再国際化し，現在は，海外就航都市数33都市，就航航空会社数39社となり，国際便の数も増えてきている。羽田空港の発着回数は1日約1200回である，国内最大の空港となっている。

4 評価について

○本時における評価規準（学習目標）

- 羽田空港の離発着枠を拡大する国土交通省の案を知り，その案に賛成か反対か，自分の意見を明確にする。
- 自分とは違う人の意見を聞き，自分の考えを見直し，確かなものにする。

○評価基準

- 授業後にノートに考えを記述させる。

オリンピックにより多くの人々を誘致することの価値と羽田空港周辺住民の安定して生活する権利，ここでは，騒音や墜落の心配との対立する価値をどのように調整していくか，考えることができたか否かを判断する。相対する価値が両立するジレンマ状態に対して，どのような手立て，つまり，政策を考えているかを知り，自分だったらその政策に対してどのように評価するのか，その考えの深さをみとることで，本時の評価とする。

5 展開例

■ 板書計画

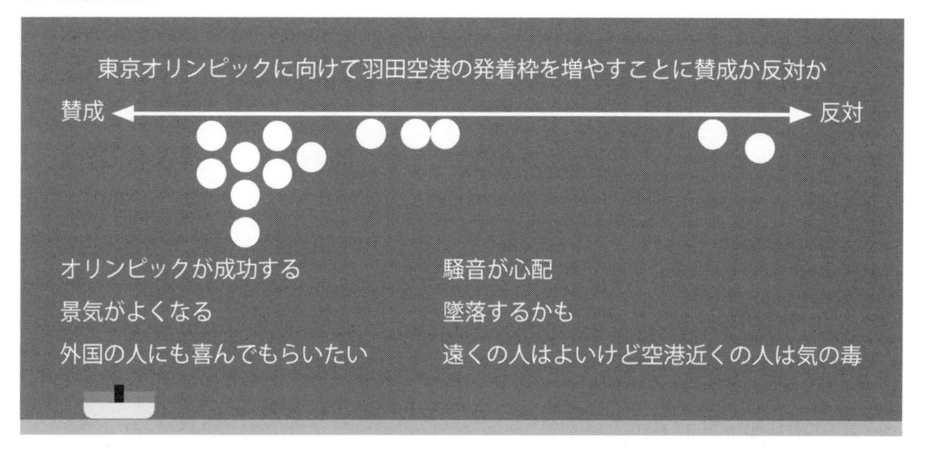

■ 指導案

おもな学習活動	指導上の留意点
1．成田空港や羽田空港での調査の様子を想起する。	• 成田・羽田の両空港での現地調査を想起させる。
2．教材を示す。	• 7 資料（p.49）の「現在の飛行経路」と「新ルート案」の図を示す。
3．羽田空港では，訪日外国人の増加に対応するため，飛行機の離発着回数を増やす案が計画されていることを知る。 • いまは禁止されている，北からの進入経路を認める案である。	• どの経路の離発着を認めているのか，丁寧に確認させる。
4．この案のメリットとデメリットを整理する。 • メリット…飛行機を多く飛ばせるので，外国人を多く迎えることができる。 • デメリット…都心に暮らす人々の騒音や墜落事故の心配が起きる。	• 個人で判断する前に，学級の全員で，よい点と問題点を確認し，一覧表にまとめて，判断する材料を整理させる。

オリンピックに訪れる訪日外国人をより多く受け入れるために，東京都心の上空を飛行機が飛ぶことについて，賛成か反対か。

5．都心上空の飛行を認めることについて賛成か反対か自分の考えを明確にする。また，理由も述べる。 「賛成」 • 海外から多くの人が来ることになる。 • 東京でオリンピックをするのだから，それは礼儀だ。 • 経済効果が大きくなるのではないか。 • 時間を限っているので，少しくらいなら，全体のために協力すべきだ。 「反対」 • 騒音が増える。 • 飛行機が落ちたら大惨事になる。 • オリンピックのためにそこまでリスクを背負うことはない。	• 賛成か反対かの結論だけを述べるのではなく，賛成反対の思いの強弱を黒板に貼るネームプレートの位置で示す。 • 賛成，反対の考えだけでなく，理由を述べさせる。
6．納得いかない点を質問する • 飛行機が墜落することはほとんどない。 • 騒音は伊丹空港と同じくらいなので，我慢できるはず。 • どの程度の騒音か，それを確かめないと判断はできない。	• 納得いかない意見に対し質問をさせ，相手が何を大切にして判断したのかを理解させるようにする。
7．話し合いをもとに，自分の考えを見直す。 • やっぱり，安全第一だ。東京の上空は飛ばさないようにしたい。 • 東京でオリンピックをするのだから，日本のみんなでその体制をつくることが必要。お客さんを迎え入れる「おもてなし」は大切にしたい。	• 話し合いの様子を黒板にまとめ，話し合われた内容が俯瞰できるようにしておく。 • 話し合いを振り返り，自分の考えを見直す。ノートに考えたことを書かせる。

6 子どもの変容

○羽田空港の増便に賛成する子どもの意見

僕は賛成です。理由は，新飛行経路開設により便数が増えます。ということは，訪日外国人が増えるということです。これについてのメリットは，日本でお買い物をたくさんの人がしてくれて，お金をたくさん使ってくれることです。これにより，日本の景気はよくなります。

そして，反対意見で「飛行機が落ちてくる」という意見が出ましたが，それはおかしな話です。飛行機に事故があるのは5050便の中の1便くらいで，とても少ないです。飛行機よりずっと危ない乗り物があります。それは車です。車は1日に何回も事故があります。だから，多少の騒音は，オリンピックのためだと思って我慢して，お金を稼いで，今回の56年ぶりのオリンピックを楽しみましょう。

僕は，メリットとデメリットの図を書いて考えました。

	メリット	デメリット
新経路開設	訪日外国人が増えるため，にぎやかになりお金がたくさん入ってくる。	騒音が増えるので周辺住民の不満が高まる。真上を飛行機が飛ぶので圧迫感を感じる。
新経路非開設	騒音がないから住人の不満はない。静かな環境が保たれる。	日本に来る旅客数が増えないので，お金があまり入らない。

○羽田空港の増便に反対する子どもの意見

やっぱり，僕は反対です。僕の家は世田谷区にありますが，たまに飛行機の音がうるさいときがあります。そのくらいでも，少し迷惑です。こんなに遠い世田谷区でも少し迷惑なのに，羽田空港の近くに住んでいる人は僕以上に迷惑していると思います。多分，空港の近くの家を買うときに「このくらいの音なら我慢できるから買ってしまおう」と決めた人もいるでしょう。けれど，1か月ちょっとのオリンピックのためだけに経路を増やしてしまったら，やっぱり，かわいそうだと思いました。社会科の前に行った道徳では，人はみんな平等であることを学びました。そのことを踏まえて，「オリンピックに来るたくさんの人たちのために空港近くの人は我慢してね」というのはひどいと思いました。

結果，空港の人と周辺に住む人が話し合って，だれにも迷惑がかからないようにしたほうがよいと思いました。オリンピック実施までの3年間で，この問題を解決するのは難しいと僕は思いました。

7 資料

住宅密集地を横切る新ルート案

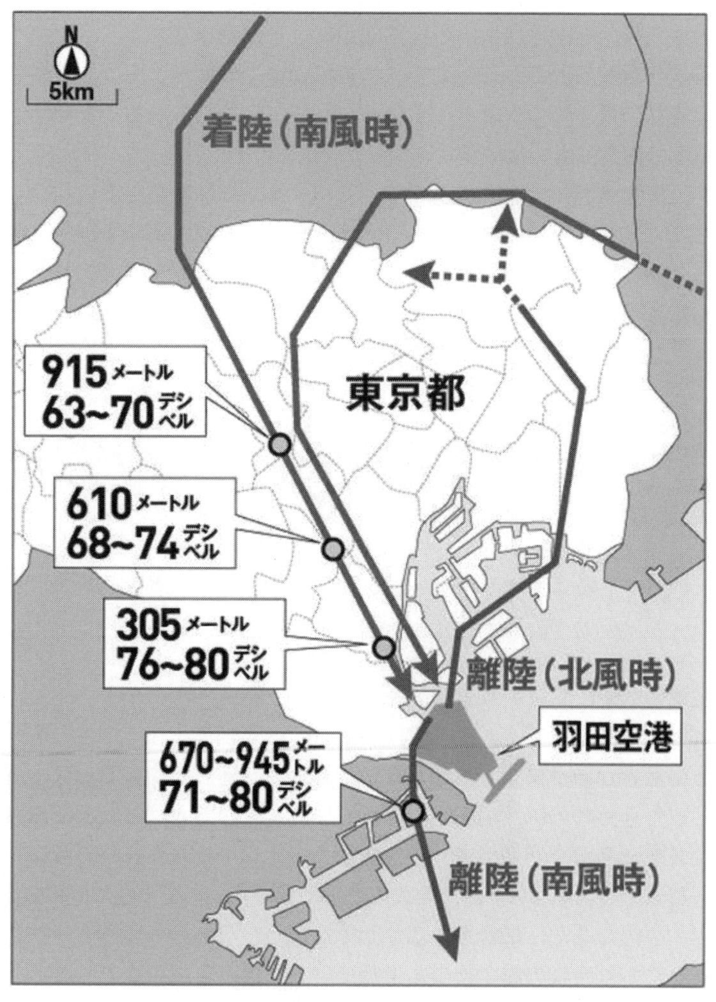

現行では規制されている北からの進入が認められるようになる。

2014年7月「首都圏空港機能強化技術検討小委員会の中間取りまとめ」参考資料（出典：国土交通省）

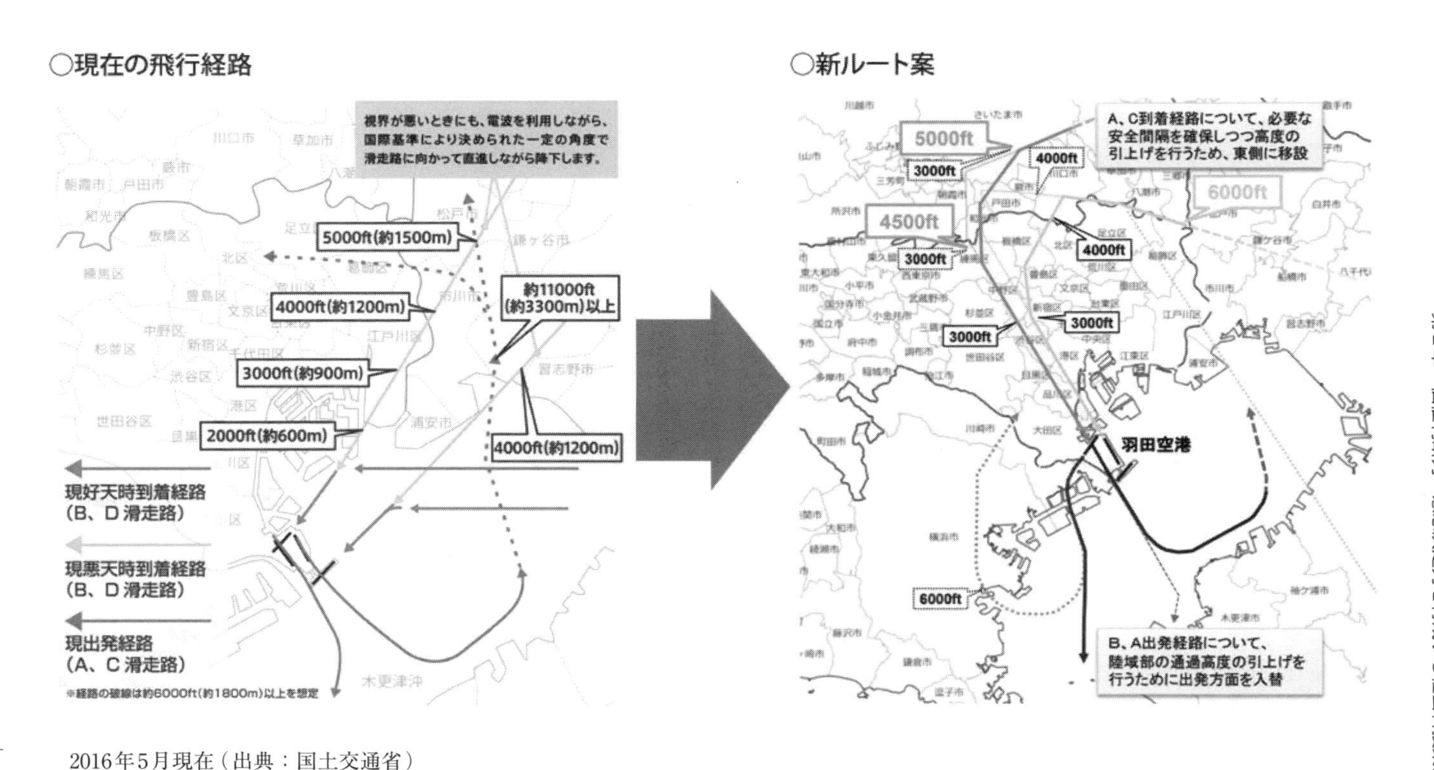

2016年5月現在（出典：国土交通省）

社会科

畠山さんと「森は海の恋人」，そしてあの震災

―防潮堤の建設を考える―

粕谷昌良

1 子どもの実態

対象学年　高学年（5年生）

社会科では5年生になると，学習範囲が身近な地域や市区町村から日本全体に及ぶようになり，わが国の国土や産業の特色について学んでいくようになる。その分，実際に足を運んで調べることは難しくなるが，日本の特色を学ぶことを通して，今日的な課題にも気づいていくことができるようになる。例えば，農業や水産業の後継者問題や，自動車産業の時代に合わせた開発や貿易などがそれにあたる。それらの解決への取組みを考えることで，中学年とは違う主体的な学習が生まれていくと考える。

2 授業のねらいと教材

単元名　畠山さんと「森は海の恋人」，そしてあの震災

気仙沼の舞根（もうね）のカキ漁師，畠山重篤（はたけやましげとく）さんの取組みは，5年生の水産業の単元に「森にはためく大漁旗」「漁師が作る森」などという見出しで広く紹介され，国語の教科書にも掲載されていた有名な活動である。

畠山さんの活動は，森と海のつながりだけでなく，そこに関わる人と人とのつながりを育んできたわけだが，そのことをさらに強く実感できるのが，宮城県のすべての沿岸部分に計画された防潮堤問題である。

東日本大震災後，中央防災会議の方針に沿って国土交通省，農林水産省が防波堤の高さを決定し，防波堤の再建に努めた。宮城県知事もすべての海岸線に堤防を作ることを決断した。そのため，ほとんどの自治体はこの方針に沿って堤防を作っている。しかし，畠山さんの暮らす気仙沼の舞根は，2012年の早い段階で防潮堤に頼らないまちづくりを住民の総意で決めており，海と共に生きる姿勢を明確にしている。本時の授業では，「舞根の人々は，どうして防潮堤を作らなかったのか」という学習問題で進めていく。

住民全員の合意を得た舞根には，防潮堤は建設されないことになったが，多くの自治体ではこのような合意が難しく，防潮堤は建設されていくという。そこには２つの価値の対立がある。一つは防潮堤が人々の命を守るためには欠かせないという考え方であろう（なお，舞根の人々はのちに全員高台移転を行っており，堤防を作らないことと命の犠牲がトレードオフではないことには注意してほしい）。もう一つは，防潮堤が長年培ってきた舞根の素晴らしい環境を奪ってしまうという考え方である。

防潮堤は命を守るものであるが，30年に迫ろうとする「森は海の恋人」の活動の成果である豊かな海の価値も無視できないと話し合うなかで，子どもたちは「人々の努力の積み重ね」と「自治の力」の大切さを実感できるだろう。

平和的で民主的な国家及び社会の形成者として必要な公民として必要な資質・能力の基礎を養う社会科において，「知識があって行動が伴わない」「あまり考えずに活動する」というのは，めざす子ども像にほど遠い。また，社会的実践力は必要なものではあるが，その実践力は子ども一人一人の熟慮した判断の結果でなくてはならない。

社会のあり方は一人一人が努力を重ねた結果であること，自治の力の大切さを実感し，「自分はこうするべきだ」「これからの社会にはこちらの方がよい」「解決は難しいけど現段階ではこうするべきだ」という思考，判断を子ども一人一人がなすことのできる授業づくりが大切だと考える。

3 指導上の工夫・留意点

○単元計画（複数時の場合）

第１次「起」	舞根を襲う赤潮	１時間
第２次「承」	畠山さんと森は海の恋人	２時間
第３次「転」	畠山さんと森は海の恋人，そしてあの震災	２時間
第４次「結」	森は海の恋人と堤防を作らない舞根地区	１時間

第１次と第２次では，赤潮克服のために森に植樹を行う「森は海の恋人」の活動を学ぶ。舞根の海の豊かさは長年の取り組みの積み重ねで得られたものであることを知ったうえで，本時となる第４次で防潮堤問題を考えていく。

単元の展開は「起承転結」の流れを意識して行う。まず「起」「承」で畠山さんの「森は海の恋人」の取組みを，１つめの「ストーリー」として学習する。その後，「転」として東日本大震災の年に行われた植樹祭を学習し，「森は海の恋人」の活動は畠山さんだけのものではなく，地域をはじめ，多くの人に価値ある活動になっていること，自然を大切にする考え方が人々に広く浸透していることを学ぶ。これを「アナザーストーリー」とする。

アナザーストーリーの社会授業について

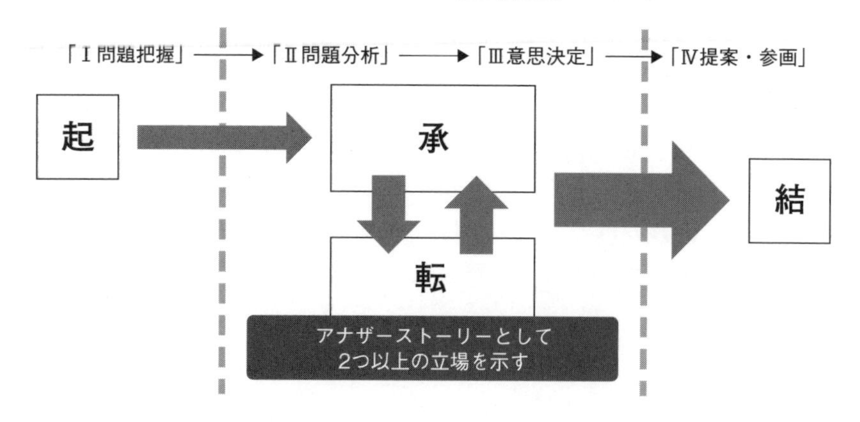

すなわち，子どもたちは「起」「承」の学習によって構成された「ストーリー」（社会事象への理解：社会認識）を「転」の学習での「アナザーストー

リー」という別の視点からゆさぶられることになる。

「なるほど，別の立場から見るとこうだったのか」と揺さぶられ，社会事象への理解を再構成する必要に迫られることにより，より深く多角的な社会認識が生まれてくる。多角的な視点で社会事象を理解し，認識を深めることにより，問題解決の提案・参画を行う「結」の部分でも，子どもたちは，より実際的な解決をめざすことができるだろう。

○気仙沼の牡蠣の養殖について

1970年代に日本各地の養殖地を襲った赤潮を克服するために，気仙沼の畠山さんは一人で森に木を植え始める。当初は白い目で見られていたその活動だが，世間の環境意識の高まりや広葉樹林から流れ出る鉄分が海の植物性プランクトンの生成に寄与するという化学的な裏付けを得て，活動の輪が広がっていく。現在では多くの養殖地が同様の活動を行うようになった先進的な取組みの先駆けである。

順調にカキ養殖と「森は海の恋人」の活動の輪を広げていった畠山さんだったが，2011年の東日本大震災で大きな被害を受けてしまう。畠山さん自身は高台にある自宅からさらに裏山の高所に避難したため一命をとりとめたが，施設にいた母を亡くし，養殖施設，船，大漁旗，そしてすべてのカキを流されてしまった。数億円の被害だったという。

失意の畠山さんを救ったのは，これまで共に活動してきた地域の人々や全国に広がっていた「森は海の恋人」を支援する人々であった。毎年6月の第1周に開かれる「森は海の恋人植樹祭」は，2011年6月には23回目を迎えるはずだった。養殖施設に大きな被害を受け，植樹祭の象徴だった大漁旗もほとんど流されてしまった畠山さんはいったん中止を決断するが，支援をする人々の力で例年と変わらない規模で行われたという。

○教材の提示の工夫

70歳を超えた畠山重篤さんに代わり，重篤さんの息子であり実際的にNPO法人「森は海の恋人」を進めている畠山信さんへの取材を行い，堤防を作らない決断をしたときの様子を調べた。授業では，それをインタビュー記事としてまとめて子どもたちに提示した。

臨場感のあるインタビュー記事によって，子どもたちが当時の様子をつかみやすくなるとともに，舞根の人になった気持ちで判断することができるだろう。

4 評価について

○本時における評価規準（学習目標）と評価方法

知識・技能	思考・判断・表現	学びに向かう人間性
津波から人々の命・町を守る防潮堤の働きを理解するとともに，舞根の豊かな海は，人々の30年に及ぶ活動の成果であることも理解する。	防潮堤の働きを理解しながらも，防潮堤の建設に反対した舞根に人々の判断の意味を考えることができるとともに，自分の意見を述べることができる。	自分たちのことは自分たちで考え，判断するという自治の役割について考えるとともに，自分たちも主体的に判断していこうとすることができる。

評価の方法は，子どもたちの発言を評価する。しかし，1時間ではすべての児童が意見を述べるには時間が不足している。そこで，ノートに書かれた記述を評価する。

◎感想
私は一生けん命作った新米を牛にあげるのはひどいと思う。放射能は0の袋がほとんどなのに，勝手に「福島の米＝放射能がたくさん」と決めつけられるのはさすがにひどいと思う。自分が思っているのは100％正しいのか，それを考えて，現実を見てほしいと思った。無念な気持ちではずっとお米づくりはつづけられないと思う。どうしたら米づくりをつづけられる

だろうか。それは「福島＝放射能」というイメージをなくすことだと思う。もっと全袋検査ということをみんなに知ってもらった方がよいと思う。知ってもらうためにテレビや新聞に出してもらったら良いと思う。
福島の米をどう作っているのか，他の農家より手間をかけているからおいしく感じてもらえるか，どうすればいいかを総理大臣は考えるべきだと思う。

もう，福島の農家は
十分につらい思いをしてきたし。
十分に努力をしてきたと思います。
これ以上何をしたらいいのでしょうか？
↓
福島物産てんをデパートで開いてもらい，試食しておいしさと安全を分かってもらうのは，

5 展開例

■ 指導案

<table>
<tr><th>おもな学習活動</th><th>指導上の留意点</th></tr>
<tr><td>1．学習問題を作る。
○前時の学習を振り返る。
・畠山信さんのコメントを振り返る。
・「人の心に木を植える」とはどういうことか。
・「自分たちで考える」とはどういうことか。</td><td>○前時で使った写真を掲示し，復習する。
・三陸海岸に作られる堤防のスライド</td></tr>
<tr><td colspan="2">どうして舞根の人たちは「堤防を作らない」と意見をまとめられたのか。</td></tr>
<tr><td>2．自分の考えを述べる。
・よいときも悪いときも，海と暮らすと考えているか。
・漁師が多く，津波より，日常を大切にしているから。
・29年間も植樹してきて，地域の人全員が海を大切にしているから。
・行政に任せず，自分たちの考えをもっているから。</td><td>○一人一人の考えを述べさせる。そのなかで，「森は海の恋人」の意義を検討する。
・取材スライド
・取材記事</td></tr>
<tr><td>3．インタビュー記事から考える。
○畠山重篤さんのインタビュー記事から考える。
・ずっと子どもたちの環境プログラムを続けてきたんだ。
・環境プログラムを行ってきて，人々の考え方が変わってきたんだ。
・「森は海の恋人」の本質は人の心に木を植えることと言っているね。</td><td>○記事で畠山さんの考えがわかるところに線を引かせる。</td></tr>
<tr><td colspan="2">「森は海の恋人」ってなんだろう？</td></tr>
<tr><td>4．「森は海の恋人」とは何かまとめる。
○これまでの資料から考える。</td><td>○「森は海の恋人」の活動の果たした役割をまとめる。</td></tr>
</table>

6 子どもの変容

○授業記録

主要部分を紹介する。

T：「防潮堤をどうして作るのかな」

C：「人の命や建物，街を守るためだと思います」

T：「それなのに，どうして舞根は防潮堤を作らないと決めたのかな」

C：「防潮堤で海岸を固めてしまうと，森の養分が届かなくなるからじゃないかな」

C：「これまで，30年近くも植林を続けてきたでしょ。その成果が失われてしまうからじゃないかな」

C：「畠山さんは，自分の養殖したカキを舞根の海の味だと言っていたでしょ。その味がなくなってしまうからじゃないかな」

T：「しかし，防潮堤を作らないと人の命や建物，街を守ることができないんじゃないかな。それでいいのかな」

C：「調べたんだけど，防潮堤が必ず人の命を守れるというわけではないらしい」

C：「前に，釜石の堤防の授業でもそうだった」

C：「防潮堤ができて海が見えなくなるほうが危険という意見もあるらしいよ」

C：「畠山さんたちは，特別な災害よりも日常を大切にしているんだと思う」

C：「海などの自然に対して，人が合わせようとしているんじゃないかな」

C：「そうだね。共生っていうんだよね」

C：「国や県も命を守ろうとしているけど，畠山さんたちは，もっと日常や自分たちの作ってきたものを大切にしているんだと思う」

C：「みんなで活動してきたから，みんなでまとまることができたんだと思う」

C：「後藤新平の授業で学んだけど，自治の力だね」

○授業を終えて

今回の授業では「防潮堤作りに反対か否か」という問題ではなく，畠山さんたち舞根の住民はどうして防潮堤を作らなかったのかを話し合った。対立軸を用いない話し合いのよさは，全員が解決に向かって意見を積み重ねていくことである。

今回はこれまでの学習を通して学んだ畠山さんの住む舞根の住民の取組みを土台に，防潮堤を建設しないという，住民合意へいたる過程を学ぶことができた。

7 資料

interview 〈7月8日・8月23日〉

NPO法人「森は海の恋人」
副理事長 畠山信さん

○どうして，舞根地区は防潮堤を作らないことにしたのですか？

防潮堤は，海岸法という法律に基づいて計画・建設されていきます。詳しく言うと，国の国土交通大臣と農林水産大臣の定める方針に従い県知事が具体的な計画を立てます。2011年の東日本大震災は18000人以上の死者の出る大災害でした。国と県は人々の命を守るために防潮堤の建設を進めることにしましたので，海岸線で人の住むほぼすべての地区で防潮堤の建設が進められていきました。

しかし，舞根地区の住民は「防潮堤は不要だと思うのだけれど，どうやってそのことを伝えたらいいのか？」という意見が多くを占めました。「森は海の恋人」の私のところにも相談がたくさん来ました。舞根地区の責任者や住民はほとんどが「森は海の恋人」の活動に29年前から参加している方々です。9.9メートル（校舎の屋上までの高さくらい）の堤防を作ってしまったら，私たちの生活を支えるカキ養殖や美しい景観が失われてしまう。長年行ってきた植樹活動の成果である豊かな舞根の海が台無しになってしまうと考えました。命を守るはずの堤防が私たちの生活を奪ってしまうと考えたのです。もし，津波が来た場合には，今回のように人が逃げればいいと考え，自治会の畠山孝則さんを中心に全員の意見がまとまりました。その意見を伝えていきました。自分たちの町は自分たちで作るという意識が強かったと思います。

○舞根以外の地域で防潮堤への反対はなかったのですか？

実は他の地域からも，防潮堤は不要だと思うという相談を受けました。具体的には14の地区の住民が相談に来ました。しかし，意見をまとめることが難しく，防潮堤は建設される方向に進んでいるのが現状です。

○舞根以外は防潮堤が作られてしまうんですか？

国や県も「人の命を守る」ということで防潮堤を進めています。田老や釜石のように防潮堤があれば必ず命が守れるというわけではありませんが，防潮堤が必要だという人の意見も大切だと思います。

私たちは，海から恵みをもらって生活しています。ですから良い面も悪い面もあると思うのですが，防潮堤を作ることが大切か？作らないことが大切か？一人一人がよく考えることが大切です。大切なものや考えがなければ，どうしても，国や県の方針で…と任せてしまう地域が多くなってしまいます。一度作ったら壊すことはできませんし，意見がなくて決まったものでも，その地域で決めたことなのです。責任は自分たちにあるのです。

しかし，防潮堤建設における住民の意向がまとまりそうな集落もあります。現在のところ気仙沼市の大谷海岸（本吉地区）になります。「森は海の恋人」も，学術的な自然環境調査，専門家の紹介と派遣，交渉の仕方などを陰ながら支援しています。

また，気仙沼では被災沿岸部において唯一，防潮堤建設問題について住民主体の「防潮堤を勉強する会」が組織されました。防潮堤建設が表面化し始めると，自然に気仙沼市有志が集い「防潮堤を勉強する会」が立ち上がりました。「防潮堤を勉強する会」は反対運動をする組織ではありません。どうして反対運動をしないかというと，それには「森は海の恋人」を始めたきっかけをみんなが知っているからです。

今から30年以上前，父の畠山重篤がダム建設の中止を実現したことがあります。当時（平成元年ごろ），気仙沼湾に流れ込む大川の中流にダム建設の話が持ち上がりました。ただでさえ赤潮で苦しんでいたカキの養殖は，ダムができれば確実にだめになっていたでしょう。それでも重篤はダム建設反対を叫ばずに，大川の上流に木を植え始めました。この活動は多くの人々の共感を呼んで広がっていきました。すると人々は海と森のつながりを意識するようになりました。人々の気持ちも変わってきたのですね。人の気持ちが変わってくれれば，ダム建設に疑問をもつ住民が立ち上がり，大きな力になってダム建設は中止されました。反対運動ではなく，人の気

持ちや考えが大切なのです。かつて「ダム建設」が中止になったのは住民の力です。今回の防潮堤を見直すのも住民の力であるべきだと思います。

「森は海の恋人」の活動は来年の6月で30周年を迎えます。毎年1500人以上の方が集めってくださいます。30年の間に，第1回目の植樹祭に参加された方のお子さんが参加し，最近はお孫さん世代も参加しています。世代を超えて「森は海の恋人」は広がってきています。

また，長年「森は海の恋人」では子供たちに舞根に来てもらい体験教室や子供キャンプをしてきました。体験した子供たちは1万人をこえています。そういうことの積み重ねが，自分たちの生活を自分たちで考えるような人を増やしていったのだと思います。

「森は海の恋人」が貢献できたことと言えば，森・海の繋がりの重要性を感覚的に人々に植え付けたことくらいです。その感覚を身に付けた人と人を結んだのだと思います。

「人づくり」とは，「人の心に木を植えること」と重篤は申しております。

あと20年早く「森は海の恋人」が誕生していれば，三陸沿岸部の防潮堤建設問題は大きく変わっていたであろうと，多くの住民の方々から指摘されております。

先生，今度は子供たちを連れて舞根に来てください。歓迎します。

社会科 4

おじいさんとおばあさんが営むスーパー「さいち」行列の秘密

粕谷昌良

1 子どもの実態，授業設定の動機

対象学年 中学年（3年生）

3年生では，地域にみられる生産や販売の仕事について学習する単元がある。販売の仕事では，おもにスーパーマーケットが取り上げられ，消費者の多様なニーズに応えて数々の工夫や努力を行い，売り上げを上げていることを学習していく。その学習は入門期の3年生らしく，実際に見学に行くなどして実感的に理解を深めていく。

スーパーの工夫としてよく取り上げられる事柄は，陳列や駐車場，品ぞろえなどがあるが，その内容は時代とともに変化し，近年はコンビニエンスストアやインターネット販売などへ学習のシフトが顕著であるし，授業実践でも修正がみられる。しかし，このように時代が変化しても変わらないことがある。それは，お客様の要望に応えるサービスを追究していくことである。

本授業では，「地域の台所になる」という決意をもち，長年取り組んできたスーパー「さいち」を取り上げる。

2 授業のねらいと教材（何を学ぶか）

単元名　「おじいさんとおばあさんが営むスーパー「さいち」行列の秘密」

宮城県仙台市の中心部から自動車で30分余り走ったのどかな温泉街に，スーパー「さいち」がある。「さいち」は，60歳を超えた佐藤さん夫妻が切り盛りする個人商店で，「地域の台所になる」という佐藤さん夫妻の強い願いが詰まった店である。売り上げは年々増加し，個人のスーパーとしては白眉といえる年商６億をあげている。同業者から注目を浴び，セブン・アイ・ホールディングス会長の伊藤氏もスーパー「さいち」を複数回訪れて参考にしているという。

名物の秋保（あきう）おはぎは１日平均6000個，最多販売記録は１日で25000個という驚異的な売り上げを誇る。お惣菜も800種類のレパートリーがあり，１日500種類ほどが店頭に並ぶ。このおはぎとお総菜には，どちらにも共通する特徴がある。それは，完全無添加であり，賞味期限は当日限りなのである。

家庭と同じように完全無添加を貫き，「地域の台所になる」という「さいち」の姿勢は，消費者にとってほかのスーパーにはない魅力を感じるものであるし，実際に客足が途絶えることはない。いっぽうで，営業時間や見栄えのよさ，価格では，大型店にはかなわない側面もある。例えば，本学級の子どもたちに「さいちがよいのか，東京にあるスーパーがよいのか」を問うと，「さいち」の魅力を感じながらも，東京のスーパーの便利さをあげる子どもも多いことが予想された。

本授業では，「さいち」と大型店を比べることで両者の違いがはっきりしてくるとともに，地域の人々の生活を支え「お客様のため」に工夫することの意味を，３年生の子どもたちに実感できることをめざしていく。

3 指導上の工夫・留意点（どのように学ぶか）

○単元計画

第１次「起」	みんなのおうちの買い物はどこでするの	２時間
第２次「承」	スーパー人気の秘密を探れ	２時間
第３次「転」	さいちの人気の秘密を探れ	２時間
第４次「結」	どこのスーパーで買いたい？【本時】	２時間

第１・２次では，自宅の買い物調べを行い，スーパーで買い物を一番多く行っているという結果から，スーパーがなぜ便利で買いやすいかを全員で調べに出かける。直接体験から，お店の工夫を整理し，お店の工夫はわたしたちの願いをかなえるもの，生活を支えるものだということを捉えていく。

実際に学区にあるスーパーを見学してみると，豊富な品数，整った陳列，お買い得感を前面に押し出した値札，魚の加工を請け負うサービスなどの工夫がみられる。バックヤード（調理場）に回ればカットフルーツやお惣菜がおいしそうに出来上がってくる様子もわかる。

教室に帰って子どもが見つけた工夫を整理すると，数えきれないほどの数があり，スーパーにたくさんのお客様が来る秘密がわかっていく。さらに，値札にはどうして８が多いのか，ソーセージコーナーにパンが置いてあるのはどうしてか，盲導犬は入ってよいのか，いろいろな産地があるけれど仕入れが大変ではないのか，添加物ってどんなものかなど，疑問も膨らみ，それを考えていくなかで子どもたちは，お店の工夫はどれも「お客様に来てもらいたい」ための努力なのだと気づいていく。

第３次では，スーパー「さいち」を取り上げる。一般的な店舗の写真（**写真①**）を一見した子どもたちは，「普通すぎる」「田舎のスーパー」「のんびりしている」などの感想をもつが，開店前の「さいち」の行列と商品が売り切れてしまった夕方の陳列棚の写真（**写真②**）を見ると，「どうしてこんなに？」と，予想外の行列と売り上げに驚く。ゆさぶられた子どもたちは，その秘密を解き明かすために学習を進めることになる。

販売の学習では「すべての工夫がお客様のため」とよく言われるが，３年生の児童には言葉の意味はわかっても，本質的な意味をわかっているのだろうか。そこで，佐藤さん夫妻が大事にしている「無添加」「地域の台所」「お客様とのコミュニケーション」などの工夫を学ぶことで「お客様のため」の工夫を事象と心情から理解することができる。子どもたちは，自分の学んだスーパーの工夫と「さいち」を比較して学ぶことで，仕事と地域に対する佐藤さん夫妻の思いを強く知ることができるだろう。

そして本時となる第４次では，「買い物をするなら，『さいち』がよいか，東京のスーパーがよいか？」を問題として話し合う。

なお，単元全体の構成を起承転結としてみた場合（p.62参照），「さいち」は「転」の「アナザーストーリー」に当てはまることになる。

○スーパー「さいち」について

温泉街の個人商店が，どうして注目を浴びているのか？　それは社長である啓二さんの「商売は人のため，社会のため」という考えと，妻の澄子さんが作り出す「秋保おはぎ」を中心とした「お惣菜」の数々に秘密がある。

１日平均6000個を売り上げる秋保おはぎと500種類に及ぶお総菜は，どちらも完全無添加であり，賞味期限は当日限りである。あまりに大量に購入していこうというお客様を見ると啓二さんは「本日限りですが，食べきれますか？」と声をかけ，食べきれない場合には購入を控えてもらうという徹底ぶりである。また，澄江さんは手作りにこだわるあまり，毎日午前３時に起きて一人で仕込みを始めるという。利益は確保しているが、仕事に対する厳しさや責任感は極めて高い。その地道さから生まれた本物のお惣菜は，口コミで広がって多くのお客様に愛されている。

これだけ売れればデパートへの出店の誘いもあるが，佐藤さん夫妻は迷いなく断ってきた。「自分たちの範囲を超えれば本物ができなくなってしまう。お世話になった秋保の人たちに恩返しをしたい」と啓二さんは言う。このような思いで，お客様との会話を大切に36年間経営してきた。

現実的にはこのようなお店は稀かもしれない。しかし，「地域の生活を支える」「仕事の工夫」といったときに，表面的な工夫や利益追求だけではない本質にあたる心情面の深さが「さいち」にあり，「さいち」のこだわりもお客様のための工夫であり，見学してきた身近なお店と同じであることに子どもたちは気づくことができるだろう。

さまざまな手立ての根底にある「お客様のため」を実感することで，子どもたちに「自分も将来こんなふうに販売の仕事をしてみたい」「人々のために活動しよう」という思いが育つことを期待できるのではないだろうか。

○教材の提示の工夫

（**写真①**）を見せると，子どもたちは「普通のスーパーだね」「いや田舎のスーパーだと思う」などと感想を述べる。そこで「ここで買い物をしたいですか？」と聞くと，「それほど買いたくない」という声が多数を占める。

その段階で，（**写真②**）を示す。すると，子どもたちは大いに驚く。そして，どうしてこんなに行列ができて，夕方には商品がなくなってしまうのか追究したいという意欲をもつ。

「さいち」の工夫は一般的な説明や表面的な見かけではわからない。それを写真で示すことで，写真の裏に隠れた「さいち」の魅力を解き明かしていく面白さを味わうことができる。

写真①

写真②

4 評価について

○本時における評価規準（学習目標）と評価方法

知識・技能	思考・判断・表現	学びに向う人間性
販売の仕事は，消費者のさまざまな要望に応じて工夫をしていることを理解するとともに，進んで見学したり話し合ったりして理解を深めることができる。	販売の仕事のさまざまな取組みは，消費者の願いをかなえるために行われていることに着目するとともに，消費者のために何が大切なのか自分なりに判断することができる。	消費者として，買い物をするにはどのような店がよいのか自分なりに考えるとともに，家族と共に買い物をすることができる。

評価の方法は，授業での発言とともに，ノートに書かれた意見をもとにする。

5 展開例［第４次］

■ 指導案

おもな学習活動	指導上の留意点・と評価☆
１．学習問題を確認する •「さいち」の工夫をまとめる。	• これまでに学んできた「さいち」の工夫を表にまとめる。

事　象	その裏にある情意
消費期限がその日限り	• 本物を作ろう。 • 本物とは家庭の味の再現のことだ。
多店舗展開をしない	• 本物を，自分たちの目の届く範囲で作りたい。 • 私たちをずっと支えてくれた地域のために働きたい。
調理室のモニター	• 店舗の雰囲気やお客様の声が感じられるように • お客様にがんばって作った店員を紹介したい。
広告を出さない	• ライバルのことよりお客様のことを。 • 原価割れして売るより，がんばって作ろうという気持ちが大切。 • 安売りは必ずしもお客様のためとは思えない。
おはぎお総菜	• お客様の願いは必ず応えたいという気持ちが秋保おはぎを生んだ。 • お客様の要望には必ず応える。 • 気づいたら36年で600種類のお総菜になっていた。

「さいち」と東京のスーパーではどちらで買い物をしたい？

2．自分の判断を述べる。 •私は「さいち」で買い物をしたい。 •本物の味，家庭の味の再現だから。 •人のため社会のためを続けているから。 •36年間も無添加の惣菜を作っているから。 •僕は東京のスーパーがいい。 •消費期限が長いほうが便利じゃないか。 •夕方に売り切れじゃ困るでしょ。 •品数が多いほうがいい。 •バリアフーとか進んでいる。	•「さいち」で買い物をしたい理由と，東京のスーパーのどちらで買い物をしたいのか意見を述べさせる。 ☆学んだことをもとに自分の意見を述べることができたか。
3．友達の意見を聞き修正加える。 •どちらのよいところがあるが，どういう点がよかったか話し合う。 •「さいち」はお客様からの信頼が強いと思う。36年間もほかに大きなお店ができてもお客様が減らないのだから。 •東京のスーパーは便利さでは上回っているんじゃないかな。お店同士の競争も激しく，どんどん便利になっている。	•自分の立場とは逆の立場のよいところを言わせるようにするとよい。
4．まとめる。 •お客様のためというけど，信頼を得るには，長い年月が必要なんだ。	☆どちらのスーパーもお客様のために工夫を考えていることがつかめたか。

6 子どもの変容

○**授業記録**（授業後のノート記述より抜粋）

•「さいち」がお客さんのことを考えているというのは，一生懸命作ることだと思う。「さいち」は，人のため，社会のための一つだけの（ほかとは違う）スーパーだと思います。

•「さいち」は，人のため，社会のためと言っているけど，本当にそれを実行しているところがすごいと思いました。そういったスーパーだけが，お客さんに対して本当にありがとうという気持ちになるのだな。

•「さいち」は，都会のスーパーの大先輩ではないかという気がしてきた。

「さいち」の「無添加のおはぎとお惣菜」の裏に隠れた情意は，「家庭の台所になる」という願いである。「モニター」には全員で店舗の雰囲気を共有し，お客様に接するという願いが込められている。それら，事象とその裏の情意を学んだ子どもたちのノート記述を，３つの視点に当てはめると次のようになる。

子どもたちは「さいち」の工夫を調べながら，判断する力や協働する大切さ，解決に挑む意欲などが育ってきたと感じる。

○３つの視点から見た子どもの変容（子どものノート記述より抜粋）

主体的に判断	一人一人の意見をもてばよいと思う。選ぶのは自由。いろいろ行ってみる。きめない。きめてもまた自分に合うお店ができるかもしれない，と思った。だから「絶対○○」っていうのはまちがっていると思う。お店には個性があってよいと思う。これが私の意見です。
多様な人々と協働	「さいち」はほめられたりしたら，「この人が作ったんですよ」と紹介して，「料理がうまいんですね。」など，もっとほめられて，ほめられた人はもっとがんばるという気持ちになります。それを繰り返して積み重ねている。店の人がこんなによく考えて，一つ一つ常にお客様のことを考えて，よりよくお客様と進化していく・すごく丁寧で，お客様思いで，進化していっているのがわかりました。
解決につなげていく	「さいち」には信頼があり，東京のスーパーには便利と工夫がある。両方を合わせると結構完璧なスーパーだと思う。でも，私は「さいち」がよいです。どうしてかというと①競争をしない。②お客にむだ遣いをさせないなどです。東京のスーパーと「さいち」は真反対だけど，どちらもよいところがあり，あわせたらいい。

社会科

八ッ場(やんば)ダムは建設すべきかすべきでないかを考える

岩坂尚史

1 子どもの実態

対象学年 高学年（5年生）

社会問題について自分なりの意見をもつことは，将来の主権者として子どもたちに大切なことである。世の中でも判断が分かれる社会の問題について子どもたちが考え，積極的に議論していくためには，子どもたちがその問題について切実感をもつことが重要である。その方法の一つとして，実際に問題になっている場所を見学することが効果的だと考えた。幸い，宿泊行事の場所が群馬県だったので，八ッ場(やんば)ダム予定地を見学する行程を組み込み，教材として取り上げることにした。

八ッ場ダムは1947年のカスリーン台風を受け，利根川流域の洪水を調節するため，また，年々増え続ける首都圏の人口に伴う水の使用量の増大に対応させるために建設が計画され，ダムの完成は2019年度とされている。2009年には建設中止となったが，その後2011年には再度建設続行が打ち出された。2013年の授業実践当時でも，八ッ場ダム建設をめぐって新聞などにも記事が取り上げられており，まだまだ社会問題として多くの課題を残していた。本授業では，子どもたちが建設の是非について考えることを通して，立場が変われば考えが変わるということがわかり，さまざまな考えの中で，どのような決定をすべきかを考えることができるようにしたい。

2 授業のねらいと教材

単元名　「八ッ場ダムの建設」について考える

建設すべきかすべきでないかの行政判断は，さまざまな観点から総合的に行われ，決定されている。授業で取り上げた観点は，「利水面」「治水面」「森林の役割」「住民の気持ち」「費用面」「自然環境」である。それぞれの観点から，建設をすべきどうかを考え，意見を出し合う時間を設定する。単元終末では，今まで学習してきたことをもとに，どのような決定をすべきかを子どもたちに考えさせる。

3 指導上の工夫

○単元計画（複数時の場合）

第１次	第１時～第２時…八ッ場ダムの建設予定地を見学したことを振り返り，現時点で「八ッ場ダムは建設すべきか，すべきでないか」について考える。	２時間
第２次	第３時～第16時…八ッ場ダムについて，「利水面」「治水面」「森林の役割」「住民の気持ち」「費用面」「自然環境」から考え，建設の是非について話し合う。	14時間
第３次	第17時～第19時…いままで考えてきたことをもとに「八ッ場ダムは建設すべきかすべきでないか」について自分の意見のまとめ，交流する。	３時間

（1）同じ事実でも解釈が違う資料の提示

p.73の資料１からは，「洪水被害が減ってきているので，八ッ場ダムは必要ない」と判断する子どももいれば，「洪水被害が減ってきているけど，ゼロではないので，八ッ場ダムは必要である」と判断する子どももいる。このように，同じ資料でも，解釈が違う場合もあることに気づかせたい。

（2）当事者の声を聞く

子どもたちが類推していた当事者の思いと，現実の当時者の思いには大きな隔たりがある。実際にどんな状況だったかを当事者から聞くことは，子どもたちの大きな判断の根拠となる。

4 評価について

八ッ場ダムは建設すべきか建設すべきでないかについて，なるべく多くの人が納得がいくかどうかを考えながら意見を書いている。

5 展開例

■ 指導案（第15時）

おもな学習活動	指導上の留意点
1．八ッ場ダムは建設すべきか，すべきでないか。自分の考えを，黒板に表す。	•ネームマグネットを児童一人一人に持たせ，「賛成」「どちらかと言えば賛成」「どちらかと言えば反対」「反対」に意思表示させ，学級全体の意見を可視化する。
2．八ッ場ダムを建設すべきか，すべきでないかについて，前時で作ったワークシートをもとに，自分の考えを発表し，交流し合う。 （例） •ダムは洪水を防ぐ役割があるから，建設したほうがよい。 •河川改修や都市型放水路などができ，今まで洪水の被害が減ってきているので，ダムは必要ない。 •一人一人の防災意識を高めることのほうが重要である。 •八ッ場ダムがあれば，過去の渇水状況を大幅に改善できた。　など	•いままで考えてきた「利水面」「治水面」「住民の気落ち」「工事費用」「自然環境」「森林の役割」など，さまざまな立場から意見が出るようにする。
3．どうすれば反対の立場の人も納得するかを考える。 （例） •利水面では必要ないと思いますが，治水面では必要だと思うので，どちらかと言えば賛成。 →（提案）森林整備に力を入れて，森	•「どちらかと言えば賛成または反対」の立場の子どもに目を向ける。その子どもらは「建設したほうがよいと思っていますが，自然環境が壊れるので，どちらかと言えば賛成」などと考えているだろう。これらの意見を取り上げ，なるべく多くの人が納

の治水力を高める。 →（提案）河川改修など，ダム以外で整備を進めていく。 ・今後も，税金が多く投入されると思うので，ダムは建設すべきでないと思うが，住民の「造ってほしい」という声もあるため，どちらかと言えば反対。 →（提案）税金の投入を少なくなるように国として努力してもらう。 →（提案）中止にして，住民が納得するような保障をしていく。	得できるような案を考えていく。
４．交流を通して，最終的な判断をワークシートに書き込み，今日新しく学んだことを，振り返りとして書く。	・どうすれば，互いに納得ができるか，歩み寄れるかという点を中心に，まとめとして書かせる。

6　子どもの変容

本時（第15時）に至るまでの授業の様子も踏まえて，子どもの変容を追っていきたい。

（1）第11時から（この時間では，「利水面」「治水面」「森林の役割」という観点から八ッ場ダムの建設の是非について考えた）

Ａ児は「自然災害はどれだけ大きくて強いのが来るかがわからない。そこでダムがあったら，いまの影響を少しでも抑えることができる。自然の役割も大切だけど，それがもしも倒れたりしてしまったら逆に大きな被害が出る。利水面でもダムができたら，私たちの生活にもゆとりがもてる。過去のこと（断水）を考えると今後どうなるかわからない。治水面も洪水被害は年々減っている（資料１）けど，ダムがあったほうがよい」と，それぞれの面を尊重しつつも，ダムは建設したほうがよいと書いている。

Ｂ児は「森林面では，いろんな役割（資料２）があり，森林もたくさん水を貯めているからわざわざ壊してダムを作る必要はないと思った。利水面では治水のためにたくさんの場所を使い，飲み水にはそんなに使えない（資料3）からいらないと思った。治水面では自然の災害だから微妙だけど，ダムではなくてほかの策でもいいと思った」と，治水面でダムの必要性は認めつつも，総合的にダムの建設には反対と書いている。

ゆっくりと時間をかけて資料を読み取り議論してきた結果，さまざまな観点から総合して考えることが，できるようになってきている様子がわかる。この第11時を終えた時点では，クラス全体でのダムの建設について，賛成が3分の2，反対が3分の1であった。

(2) 第12時から（建設予定地から移転した人の話を，文書資料（資料4）から読み取る）

A児は「Tさんのお話を聞いて『反対』になりました。国が私たちのためにダムを造ろうとする気持ちはとてもありがたいけれど，住民の気持ちも捉えずに作るのは，やっぱりよくないと思う。もし，まだ作る話がはっきりと決まっていなかったら絶対に反対したい」と書いている。いままでA児は相手の主張を認めつつも賛成という主張であったが，住民のTさんのお話を受けて，一転して強く反対を示している。

第12時後には，子どもたちはダムの建設について賛成が半分，反対が半分となった。住民の気持ちに寄り添うなら，ダムを作ったほうがよいと主張すると思っていたので，意外な結果となった。

(3) 第15時の様子から（建設すべきかすべきでないかの議論）〈※本時〉

第15時まで，さまざまな視点から考えたうえで，いざ賛否を問うと意見は変化しない子が多かった。しかし，第12時に住民の気持ちから建設の是非を問うた際には，賛成から反対と意見を変えた子が多かった。子どもたちの考えが変容した理由を，第15時の子どもたちの発言から探ってみたい。

授業者の「住民の気持ちで考えるとどうでしょうか」という問いかけに，ずっと賛成を表明しているC児は「八ッ場ダムの周囲の工事が始まり，95%の人が移転しているので，中止するとかえって住民に混乱を招きかねません。住民も八ッ場ダムの完成を願っているので，住民のことを第一に考えるべきだと思います」と発言している。このように，住民の気持ちを察して賛成の主張をする子どもが多くいるのではないかと授業者は考えていた。

しかし，D児は，「95%移転が完了しているところから，いきなり工事をやめますというのもどうかと思います。住民は早く決着してほしいと言っていたが，それもいやいやのような気もしますし，中止する理由もないと思うから，賛成と反対を僕はさまよっています。造ってほしいということは確かでも，長年やってるし疲れているという声も聞くと，さまよいます」と発言している。早くダムを建設してほしいのだが「疲れている」という住民の思いを受けて，どのような決着がよいのか混沌とした状況に陥り，それがＤ児の「さまよう」という表現になっていると考えられる。

住民の声を尊重するなら「建設をしたほうがよい」という主張につながるはずである。しかし，翻弄され続けてきた複雑な心境を聞くことで，子どもたちは共感し，「納得できない」という気持ちをもつことにつながっている。「住民にしっかりと保障できていません」というＥ児の発言からもそれがうかがえ，ダム建設そのものへの疑問を呈しているようにも思われる。

7 資料

（資料1）**○利根川水系の戦後の主な洪水被害**

	床上浸水	床下浸水	家屋全半壊	死者	負傷者	被害農地（ha）
昭和22年9月（カスリーン台風）	浸水戸数 303160		31381	1100	2420	176789
昭和24年9月（キティ台風）	4047	2571	1683	10	118	データなし
昭和56年8月（台風15号）	269	646	3	0	0	1568
昭和57年8月（台風10号）	137	1478	3	0	0	234
昭和57年9月（台風18号）	7242	27649	3	0	0	4273
平成10年9月（台風5号）	98	1176	2	0	0	623
平成13年8月（台風15号）	26	114	0	0	0	216

※１都５県（東京都・茨城県・千葉県・埼玉県・群馬県・栃木県）に被害
出典：東京都都市整備局（2013年10月時点調べ）

（資料2）○森林とダムの貯水量と費用の比較

		貯水量（トン）	整備費及び建設費（円）
①	八ッ場ダムを作ることでなくなる森林（約169ha）	130万	
②	群馬県の森林（約42万5000ha）	11.8億	
③	全国の森林（約2500万ha）	444億～1894億	
④	全国の森林（約1000万ha）		2250億
⑤	八ッ場ダム	1億	4600億
⑥	全国のダム	202億	

出典：読売新聞（2013. 8. 29），日本森林技術協会HP，民主党「緑のダム構想」より
※①は②より算出した。

（資料3）○八ッ場ダムの貯水量約1億m^3（トン）

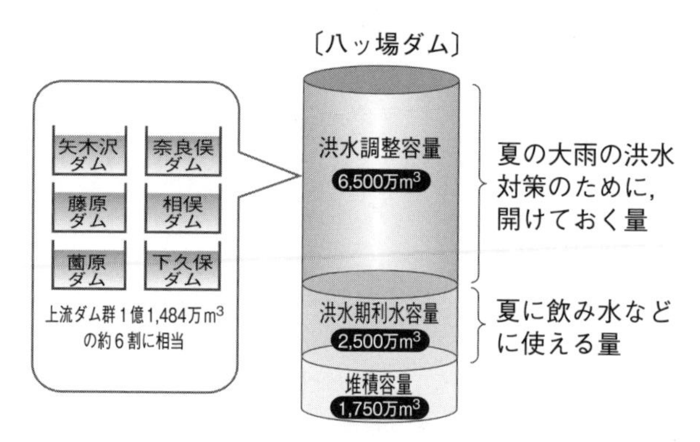

出典：東京都都市整備局HP

（資料4）○川原湯温泉（ダム建設予定地）で旅館を営んでいたＴさんのお話

Q　国からダムの建設の話があったときは，町の様子はどうだったんですか？

ふるさとがなくなる，大事な思い出がなくなる，いまの暮らしはどうなるんだと，みんなが大反対でした。国の関係者が来るとバリケードをはって，追い返したりしていました。

Q　反対から，どうして賛成になったんですか？

1965年からずっと反対運動をやってきて，仕事が終わり夜遅くまで，対策会議をやったり，休日返上で会議に参加したり…，正直住民は疲れたんですね。それなら，ダムを作る代わりに，われわれの生活をしっかり保障してくれということで，町として賛成になりました。

Q　移転費用は，どれくらいもらえるんですか？

移転感謝金というのがもらえるのですが，新しい家を作ったら，なくなりました。しかも，それにも税金がかかってくるんです。

Q　2009年にダム建設中止になったときはどうでしたか？

2015年にダムができることを想定して，旅館の設備を新しくしたりなど，生活設計をしていたので，この先どうなるか，とても不安になりました。それで，旅館をたたむことにしました。

Q　でも，旅館の営業できるようにしてくれるんじゃないのですか？

温泉を上に引く設備は作ってくれました。しかし，昔は，温泉利用料は月5200円だったのが，電動ポンプの電気代使用料などで月3万～40万くらいかかるんです。これから観光客が来てくれるかもわからないですし…。

Q　いま，Ｔさんや住民の方はどういうお気持ちですか。

早くダムが完成してほしい。決着をつけてほしいと，私は思っています。私の住む長野原町での町議会では，ダムを作るという意見に決まっています。

Q　ダムに沈むところから，どのくらい移転が進んでいますか？

95％くらいは，上の代替え地へ，移転が完了しています。反対して，まだ移転もしておられないところもあるようです。

Q　ダムの周りを作りはじめて変わったことはありますか？

昔，よく見たサンショウウオが，見られなくなってしまいました。工事のダンプが走り回っています。獣道を分断して道路を作った所もあるので，行き場をなくしたイノシシやカモシカが出てくることもあります。町の人口は１万人から６千人に減りました。友達の中で引っ越した人もいます。お墓を掘り起こして，新しい道路を作ることもあります。本当にいろんな苦労や思いをしています。それが少しでもわかってくれればうれしいです。

社会科 6

沖縄のアメリカ軍基地について考えよう

岡田泰孝

1 子どもの実態

対象学年 高学年（6年生）

2014年末の沖縄県知事選挙に先だち，本校の子どもたちは模擬選挙を経験している。その際，沖縄の普天間基地移設問題の争点についても概略を学んでいる。この論争の背景には，どのような事実の解釈があるのだろうか。

⑴ 普天間基地の米軍海兵隊は，尖閣諸島が外国から攻められることを防ぎ，東アジアの平和を保持している。米軍が沖縄の基地を望んでいる。

⑵ 米軍基地によって，沖縄の人々の雇用が確保されている。

⑶ 面積の狭い沖縄県が，在日米軍基地のほとんどを負担し，他県との不公平感がある。他県もさらに米軍基地を引き受けるべきである。

これらの問題の背景には，一部少数の人々が不利益を被り，離れた多くの人々が利益を受ける構造があると捉えられる。

ただし，これら⑴～⑶は，立場が異なれば解釈も違ったものになる。だからこそ，実際の政治でも議論が紛糾しているのである。

⑴に対しては，沖縄に米軍基地がある必然性はないという言説がある。実際に在沖米軍はほかの同盟国との合同演習で沖縄を留守にすることが多く，移動戦艦は佐世保，給油部隊は岩国に分散している点も話題になっている。

⑵への異論は，在沖米軍基地で働く人の給与が沖縄県民収入全体に占める割合が低下（約5%）したことや，すでに返還された米軍基地跡地に大規模

ショッピングモールができて経済効果が上がったことが指摘できる。

⑶への異論は，沖縄の人々にも多様な声があることを紹介していく。

2 授業のねらいと教材

単元名　「沖縄のアメリカ軍基地」について考える

国と国との約束事である日米安全保障条約を踏まえて，日本の国民として，共同体の一員として，一つの県にばかり米軍基地が集中している事実をどう考えるのか。この点について，人口でも面積でも圧倒的な多数派である本土に住む国民がきちんと議論する必要があると考える。これからの日本の市民社会を形成する子どもたちが，共同体におけるマイノリティの問題について問い直すという経験は，道徳的にも必要である。

しかし，沖縄から遠くに住む私たちが，当事者意識をもって沖縄の基地問題を考えることは大人でも難しい。そこで本授業では，そもそも，この沖縄の基地問題について東京に住む私たちが考える必要があるのかないのか，直接関係がない（と思えるのに），わざわざ考えるのは無責任ではないのかなどの問いかけから授業をスタートする。

3 指導上の工夫・留意点

本実践は，社会科と朝の活動の時間に行った。本校では毎朝30分間の朝の活動があり，学級活動，総合的な学習，道徳（ただし2015年からは道徳にかわって新教科「てつがく」。文部科学省研究開発指定による教育課程の実験研究のため）など，学級や学年の実態に応じて使っている。

○単元計画

第１～２次	普天間基地移設の論争について約20年間の経緯を調べ，①普天間基地周辺に住む人々，②辺野古周辺に住む人々はどう考えていると思うか，考えて話し合う。	２時間
第３次	普天間基地移設の論争について，③八重山諸島に住む人々は，どう考えていると思うか，考えて話し合う。	１時間

第4～5次	普天間基地移設の論争について，④沖縄県以外（北海道，本州，四国，九州）に住む人（つまり，自分たち）は，どう考えているのか，話し合う。【第5時が本時】	2時間
第6～7次	普天間基地の辺野古移転の解釈(1)～(3)の背景を調べて自他の考えを比べて話し合う。	2時間
第8～10次	解釈(1)～(3)について，論争点を明らかにし，さまざまな立場の人の幸せを考えて話し合い，一人一人が判断する。	3時間

普天間基地移設という政治に関する問題について，「考えることの意味を考える」という学習課題に取り組んだ授業である。従来の授業では，「移転したほうがいいか，移転しないほうがいいか」といった意思決定を求めるタイプのものが多く，それ以前に，「考えることの是非」を問うことはほとんどなかった。これから小学生ならではの政治学習を考えていくうえで，「考えることを考えさせる」ことにますますの展望が期待される。また，他者の苦痛への共感や，他者への理解など，子どもたちの発達段階への解明も求められるだろう。

この発想は，道徳の学習で，より多面的・多角的に考える子どもを育成することにも通底する。自明視された道徳的諸価値について教え込むのではなく，「そもそも，友情とは」や「そもそも，優しさとは」など，「考えることを考えさせる」ことに重きを置くべきである。社会的な道徳や価値について考えさせる教科としての役割を，どちらの教科でも自覚することが望まれる。

4 評価について

＊本校社会部が提案する「政治的リテラシー」の4つの要素に基づいて示す。

○社会的事象や時事問題の対立点，論点や，それらの背景となる基本的事実を理解する。	• 普天間基地を辺野古に移転することに，賛否両論の意見があることを知る。 • 沖縄県だけに米軍基地が多く，さまざまな負担を強いられていること知る。 • 米軍が日本に駐留することで日本の安全が高まるという考え方や，かえって危険性が高まるという考え方があることを知る。

○社会的事象や時事問題の対立点，論点について，多面的な見方（他者の視点）で考える。	•普天間，辺野古周辺，八重山地方，本土の人々，日本政府，アメリカなどさまざまな立場で考える。 •一部の地域だけに大きな負担を負わせてよいのかを考える。
○読み取った情報・知識を，自分の主張の根拠にする。	•オバマ大統領は，沖縄の海兵隊をグアムに移動させると言ったことを読み取る。 •尖閣諸島領有問題と日米安全保障条約との関連を読み取る。
○さまざまな立場の人が幸せになれる条件を考えて決定する。	•米軍基地を国外に移設する場合の代案を考える。 •各都道府県がもっと米軍基地を引き受けられるかを考える。

5　展開例

■ 指導案（第５次）

おもな学習活動	指導上の留意点
1．課題についてさまざまな人々の考えを聞き合って自分の考えを深める。 •本土を無責任とは言えない。 •自分の町に基地が来るのは嫌。 •自分には関係ないこと。 •無責任なことは言えない。 •自分たちは実感できない。 •考えて役に立つのか？ •全国民が考えるべきこと。	•話し合うときには，理由を明確にさせながら聞くように声かけをする。 •似ているようで，理由が異なる意見があるので，気をつけさせる。 •特に「自分には関係ないこと」や「移設問題について考えて役に立つのか」などの意見は大人の本音や本土に住む人の本音であるので，そのような発言を受けとめるようにさせる。
2．東京の小学生が感じたことについて，実際に大人の政治家たちはどう考えたのか，資料を読む。 •大人や政治家も，基地を引き受けることは嫌がっている。 •各知事も，自分の県で引き受けたくないと思っている。	•資料１：鳩山首相（当時）が，2010年５月27日に緊急に呼びかけて開催された全国知事会の様子を分析したもの。

3．沖縄の人の声を紹介する資料を読んで考えを話し合う。 ・知念ウシさんの言うことはわかるけれど，「自分のところに基地が来るのは嫌」だし，「よくわかりもしないのに，無責任なことは言えない」と思う。 ・知念ウシさんの言うことを知り，これからは，沖縄のことを考えてみたい。しかし，基地が近くに来るのは認められない。 **4．自分の意見をノートにまとめる。**	・資料2：沖縄の人の声を紹介したもの（知念ウシさんの言葉） ・沖縄の基地問題について無理に考えなければいけないということではなく，今後に具体的なことを考えながら，この問題と自分の関わりについて考えていくように声かけをする。

6 子どもの変容

（1）本時の前に書いた子どもたちの考え

立　場	意見・考え・理由など
本土を無責任とは言えない。	私は，あらためて，「本土の人々が無責任」とは言えないと思う。なぜかというと，沖縄の人ではないのに，沖縄のことについて議論するのはおかしいと思ったから。
全国民が考えるべき。	本土の人々にとって直接関わりはないが，中国などさまざまな国同士の問題は，国，つまり全国の問題とも言える。そのため，全国にいる人は，この移設問題を考えていかなければ……。
決められないは無責任です。	決められないというのは，いくらなんでも無責任すぎる。自分たちには関係ないというグループも。「危険だから」は，説明していたら切りがない。沖縄だけではない。日本国民全員が考えなければいけない（政府も含めて）。
自分には関係ない。	やはり，自分たちには関係がないと思いました。普天間でも辺野古でも，どちらでも直接関係ないからです。普天間でも辺野古でも，どちらかに移設しても，あまり，変わりはない。
日本人全体で考えるべきだ。	「自分たちに関係ない」というが，沖縄の問題は，日本とアメリカの問題だから，日本人全体が考えるべきだ。だから，これについて考え直すべきだと思う。

立　場	意見・考え・理由など
もしも自分の町に来たら？	米軍基地は沖縄だけが負担する問題ではない，と言う人がいてびっくりした。でも，それだったら，「自分の町に沖縄の基地が来てもよいのか？」と質問したい。沖縄の人の安全と自分たちの安全が争点だと思う。
沖縄だけで解決するのか？	沖縄の基地移設問題は，沖縄だけで解決するものなのか？
無責任なことは言えない。	私は沖縄に行ったことがないし，基地が県民の負担になっているのか授業でやったくらいしかわからないので，無責任なことは言えない。「自分のところ（に基地が来るの）は嫌」というのは，みんなそう。
自分たちには関係ない。	私は，普天間基地が移っても，移らなくても，東京に住んでいる人に影響があるわけではないと思うので，どちらでもよいと思います。
自分のところは嫌。	自分は普天間がなんとなく危険な感じがあるので移すべきだとは思う。でも，自分たちのところには移設してほしくない。かといって，辺野古に移すと生態系が崩壊するのでやめておいたほうがよいような気がする。
どこでもよいが，国外へ。	どこに移設しても危険性はあるから，どこに移設しても一緒だと思う。なので，できれば，国外に移設してほしいと思う。また，違うところ（辺野古のこと）に移設するために埋め立てるのだったら，漁業をすることが少なくなってしまう。
県外移設。	県外にするべきだと思う。沖縄だけが負担する問題ではないと思うからです。
県外か国外へ。	私は，普天間基地の移設先は，よくて沖縄県外，できれば，国外にしてほしい。なぜなら，翁長さんの言うように，もう，沖縄に米軍基地を造るのは限界だから。

(2) 本時を終えて

以下は，本時の終末で，子どもたちが書いたことである。

- 私は，東京などの大都会にアメリカの基地を移設するのは難しいと思うけれど，移設問題について，本土の人も考えていけばよいと思う。それでも，少し，沖縄に押しつけているけれど，自分には関係ないというよりはよい⇒知念さんに賛成
- ぼくは，本土の人たちもアメリカ軍基地について，考えなければいけないと思いました。この話を聞いて話しても結局は，沖縄に基地があればよいということになっても，行動を起こさない人がとてもいるなと納得しました。「大変だな〜」とか「わかんない」の言葉は，あまり考えて話していないと思います
- 無意識のうちに，基地を沖縄に押しつけてしまっていると思うと，のんきなことを言わず，沖縄県民と同じく真剣に取り組まいといけない

前時には，沖縄への同情や無関心などを表象する言葉が並んでいたが，本時の振り返りを読む限りでは，学級の全員が，本土の人々も考えてみるべきと書いている。自分たち本土に住む人間＝「いわゆる日本『本土』の『普通のいい人』たち」が結果的に，沖縄に基地を押しつけている人々として，沖縄の人々に思われていることに気づいたと考えられる。

7 資料

■ 資料1

鳩山首相（当時）が2010年5月27日に緊急に呼びかけて開催された全国知事会で，海兵隊基地の移設への協力を要請した。何ら事前の調整もなく急遽行われたこの会合は，鳩山の努力の姿勢をアピールする単なるパフォーマンスであり，辺野古以外に移設先も演習実施場所も見つからない理由づけとして，儀式的に行われたものであろう。しかし，全国知事会の冷淡な反応は，沖縄県民を憤激させ，本土による「沖縄差別」を感じさせるものとなった。

安全保障のための抑止力として米軍基地が必要であるとすれば，海兵隊基地の移設場所の候補地は沖縄県外にもあるはずだと，沖縄の人々が考えても不思議ではない。軍事的合理性を無視した候補地選びは問題外と

しても，少なくとも検討する余地はあったはずである。だが，全国知事会で実際に受け入れてもよいと発言したのは，大阪府の橋下徹知事（当時）だけであった。首相の協力要請に対する知事会の回答として発表された「見解」には,「協力」という表現が強すぎるとの意見が続出し,結局「真摯に対応」という言葉に変わったと報道されている。「総論賛成，各論反対」，つまり，沖縄には同情するが，協力する気はない，というものであった。「なぜ沖縄だけがこれだけの米軍基地を引き受けなければならないのか」という疑問は，深く沖縄の人々の心に刻まれた。

※目黒博「沖縄基地問題はなぜねじれるのか？　―沖縄と本土の認識ギャップについての一考察―」『名古屋外国語大学現代国際学部　紀要第8号』2012年3月所収p.92より引用

■ 資料２

ここでは，本土の人々に思い・願いを訴えている沖縄の人の声を紹介します。知念ウシさん（1966年沖縄県覇市首里生まれ，津田塾大学・東京大学卒。子どもが２人いる主婦）という方です。

「私は，沖縄の米軍基地というものは，いわゆる日本『本土』の『普通のいい人』たちが，沖縄に押しつけているものだと思っています。つまり，日米安全保障条約には反対しないけれど，『私のそばに基地があるのはイヤ』とか思ってしまうことや，『日米安保のことや基地のことなんてよくわからない，考えたことない』って言うこと，そういうことが，沖縄に基地を押しつけることになると思います。

…『沖縄は基地で大変だよね，日本の政府ってほんとにひどいよね』とか言いながら，『もう，どうすれば，いいのかね～？　難しいことはわかんないよ！』…という，結局，本土の人々のそういう意識（無意識のうちに），気持ちが，沖縄に基地を押しつけていることになっているのではないでしょうか？」と言っています。

※知念ウシ『シランフーナー（知らんふり）の暴力』未来社 2013年 pp.20－21

あくまでも，ある沖縄県の人の声・考えであり，沖縄県民全員の声ではないことに注意しましょう。

社会科

公共図書館のあるべき姿を考えよう
―武雄市図書館を事例にして―

佐藤孔美

1 子どもの実態

対象学年　**中学年（4年生）**

選挙権年齢が18歳に引き下げられ，主権者としてのあり方が早くから問われているなか，これからの子どもたちには，社会で何が起きているのかに関心を向ける力，社会を批判的にみる力，そして正しい知識に基づく確かな判断力など，将来主権者になるために必要な力である「政治的リテラシー」を涵養することが求められている。小学校においても，現実の社会で起きている問題を積極的に取り上げ，その問題について思考したり判断したりする力を育てていく必要性を感じている。子どもたちが将来有権者となったときに，一人でも多くの人々が幸せに生きていけるような，よりよい社会を築いていくための公正な判断力を身につけてほしいと願って，本題材を構成した。

2 授業のねらいと教材

単元名　**「公共図書館のあるべき姿」について考える**

本事例は，佐賀県の武雄（たけお）市図書館を例として，これからの公共図書館のあるべき姿を問うた実践である。2013年に全面改装した武雄市図書館は，図書館・書店・カフェが一体的に融合した斬新な施設である。管理を民間に委託（指定管理者制度）することで，閉館時間は延長され，休館日はなくなった。市民にとってはサービスが向上し，とても利用しやすい図書館に生まれ変わった。以前は閑古鳥が鳴いていたが，それまでの3.5倍に利用者数が増えたのである。しかし，この武雄市図書館と同様の運営方法で図書館の建設を計画した愛知県小牧（こまき）市では，市民運動によって見直しが提起され，住民投票で見直し票が多数を占めた。このように，「新しい公共」ともてはやされた武雄市図書館の運営方法については，私たちがみえていない問題点も存在している。

本授業では，これらの事例から，便利さをより追求した図書館がよいのか，従来型の図書館がよいのか，社会の中のさまざまな立場の人の声も聞きながら，これからの公共図書館のあるべき姿を考えていこうとした。また，さまざまな立場によるさまざまな「判断の基準」（価値観）があることを，身近な人へのインタビューや新聞で取り上げられた声などを通して学ばせたい。

3　指導上の工夫・留意点

○単元計画

（事前）	「ブック・ウーマン」という本の読み聞かせから，図書館の役割についてふれる。	1時間
第1・2次	武雄市図書館について紹介し，自分たちの地域の図書館と違うところや，そのよさをみつける。	2時間
第3次	「T図書館のような新しいタイプの図書館が，今後も増えていくほうが地域の人たちにとってよいのか」について話し合いをする。	1時間
第4・6次	さまざまな人の声を集め（大人・司書・T図書館を利用している人の声，そのほかの世の中の人の声），話し合いを通して「判断の基準」をつくり，自分の考えを構築していく。	3時間
第7次	「判断の基準」を明らかにしながら，話し合いを通してより優先したい「判断の基準」について考え，自分の考えを振り返る。【本時】	1時間
第8次	「公共図書館とはどうあるべきか」，自分の考えを書く。	1時間

4 評価について

＊本校社会部が提案する「政治的リテラシー」の４つの要素に基づいて示す。

○社会的事象や時事問題の対立点，論点や，それらの背景となる基本的事実を理解する。	新しいT図書館についての基本的事実や，図書館の本来の役割，司書の資格をもつ人たちの仕事内容を理解する。さらに，「T図書館のような図書館が，今後も増えていくほうが地域の人たちにとってよいのか」という「仮の争点」から，この問題の「真の争点」，すなわち「これからの公共図書館のあるべき姿とは何か（公共の役割）」についての論点を理解することができる。
○社会的事象や時事問題の対立点，論点について，多面的な見方（他者の視点）で考える。	「これからの公共図書館のあるべき姿とは何か（公共の役割）」という問題の「争点」を形成する過程の中で，家の人へのインタビュー，司書教諭の話，新聞記事やインターネットなどによる町の人々の声，さらに対話的学びを通して，さまざまな立場で考える。
○読み取った情報・知識を，自分の主張の根拠にする。	本問題に対する，地元の人々の声・全国的な声・身近な人へのインタビュー，文書資料などから，それらを自分の考えの根拠として活用する。
○さまざまな立場の人々が幸せになれる条件を考えて決定する。	より重要視したい「判断の基準」から，公共図書館の本来のあるべき姿について考える。

評価方法は，日々のノートへの振り返りと，学習のまとめとして書く意見文によって評価を行った。

5　展開例

■ 板書計画

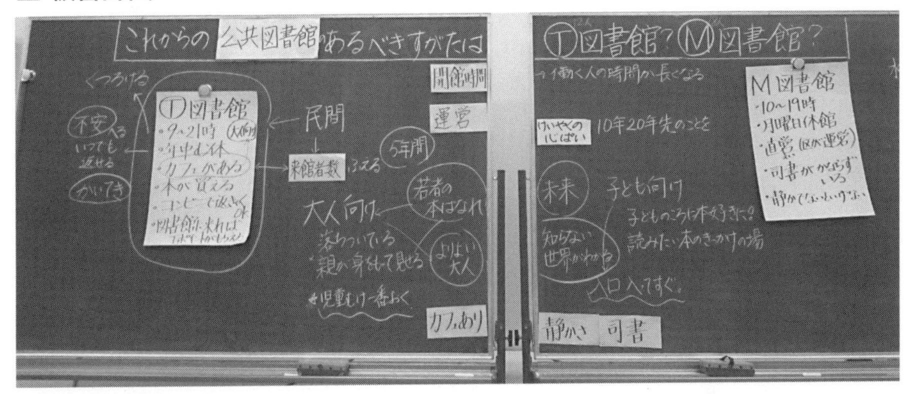

■ 指導案（第７次）

おもな学習活動	指導上の留意点
1．本時の学習問題を確認する。 **これからの公共図書館のあるべき姿は，Ｔ図書館？　Ｍ図書館？** ※Ｔ図書館　新しいタイプの図書館＋全員は司書の資格をもたない ※Ｍ図書館　従来の図書館＋全員が司書の資格をもつ	
2．公共図書館のあるべき姿について，特に話し合うべき「判断の基準」を確認する。 前時までに考えた「判断の基準」 【Ｔ図書館】　【Ｍ図書館】 ・開館時間　・静かさ ・カフェ　・全員が司書 （運営） ・民間　・直営 （契約の心配） ・５年間をしっかり　・未来を考える （だれに力を入れるか） ・大人　・子ども	・話し合いでは，根拠を基に発言できるように促す。 ・Ｔ図書館もＭ図書館も，「公共の図書館」であることをもとに，考えるように促す。 ・「多くの人に本を読んでほしい」という共通の土台があることを押さえたうえで，何が対立しているのか，考えさせる。

３．各基準について話し合う。 【開館時間】について Ｔ派：働いている人は，遅くまで開館していると，帰る途中に行けてリラックスできてよい。 Ｔ派：いつでも行けるのがよい。 Ｍ派：夜遅くに人が全然来ないのなら，電気のむだにもなってしまう。 【カフェ】 Ｔ派：くつろぎながらたくさんの本が読めるのはよい。 Ｍ派：ないほうがよい。こぼして借りたい本が読めなくなってしまうのは，市民に迷惑がかかると思う。 【静かさ】 Ｔ派：本を読む人の中には，「シーン」とした状況で読みたい人がいる。 【司書】 Ｍ派：専門の人に聞いたほうがわかりやすい。 Ｍ派：司書さんが（探したい本がわからないとき）一緒に行ったり，なかったらずっと見てくれたりするから。 Ｍ派：司書さんはお勧めの本や，その本の場所などを教えてくれる。 Ｍ派：司書さんに聞くと，いろいろな世界が広がっていく。	・開館時間が長くなったことや，カフェがあることで，多くの人が図書館に来るようになったことの意味を考えさせたい。 ・これからの図書館は「滞在型」が望まれるという司書の先生からの話が結びつけられるか，子どもたちの様子を見てサポートする。 ☆より優先したい「判断の基準」に基づいて自分の考えを述べる。
【運営の仕方】【契約の心配】 Ｔ派：民間が運営すると，サービスがとてもよくなるから，来館者数も多くなる。 Ｔ派：民間は直営より運営が上手だから，来館者が増える。 Ｍ派：民間が運営していると，契約が終わるときまでのことしか考えられない。 Ｍ派：５年だけだったら，先のことを考えないから，10年後，20年後の	・来館者数が多くなる意味について考えさせたい。 ・契約がない図書館だと，10年後，20年後のどんなことまで考えているのか，考えさせたい。

ことも考えて，ずっと続けていけるほうがよい。 M派：５年契約だと，その契約期間だけのイベントみたいになるから，10年後も20年後のことももっと考えなくては。	
【大人向け・子ども向け】 Ｔ派：大人にとってよいと考える図書館が，大人にとってよい。 Ｔ派：いま，若者の活字離れが問題になってきていて，目的がカフェやマガジンストリートであっても，図書館に多く人が来るようになることは大事なこと。だから，若者にたくさん来てもらうように大人向けにすることが大事。 M派：公共図書館は，もっと本をたくさん読んでもらいたい。それは，未来の日本がよくなるから。だから，子どものうちから本を好きにさせるようにすることが大事ではないか。	•「若者の活字離れ」という問題を考えると，まずは図書館に来てもらうようにするＴ図書館のような考え方なのか，子どものときから本好きにさせていくことが大事なのか，を考えさせたい。
４．「これからの図書館のあるべき姿」について，より優先したい「判断の基準」に対する自分の考えを書く。	•両者が共に「公共図書館」であることをもう一度押さえる。

6　子どもの変容

①社会的論争問題学習を通して他者の異なる考えに出合う（第１・２次）

第１・２次では，「武雄市図書館のよいところや近くの図書館との違い」を読み取っていった。この学習の終わりに書いた子どもたちの感想には，さまざまな判断基準となりうるものが多く表出されていた。

H児：借りただけでポイントがつくのはとってもお得。それにカフェがあるとくつろげるのでありがたい。借りて返すとき，遠い大阪でもどこでもコンビニから500円で済むのは，安くて楽ですばらしいと思う。

Ｉ児：まず，レイアウトにとても工夫があって，おしゃれだと思った。しかも，カフェもあってとても落ち着く場所だと思った。ポイントカードで借りられるから，ポイントもつくしいいなと思った。

Ｊ児 ： お客さんたちに気持ちよく使ってもらおうとする図書館の人たちは，やさしいと思った。近くの図書館と比べたけど，意外に広くていいなと思った。

Ｋ児：広さや本の数はほかのところと似ているけど，配置がすてきだと思った。

Ｌ児：武雄市図書館は，近くの図書館よりも本当は狭いのに，広く見えたり本をたくさん置いたりカフェなども作ってあったりして，すごいところだなと思った。たくさん工夫していてすごい。

②多様な「判断の基準」を表出する

第４次以降は，Ｔ図書館とＭ図書館を比較しながら考えていった。Ｔ図書館は，武雄市図書館のような新しいタイプの図書館で，司書は必ずしもいないという設定である。Ｍ図書館は，従来型の直営の図書館で，司書は必ずいるという設定である。

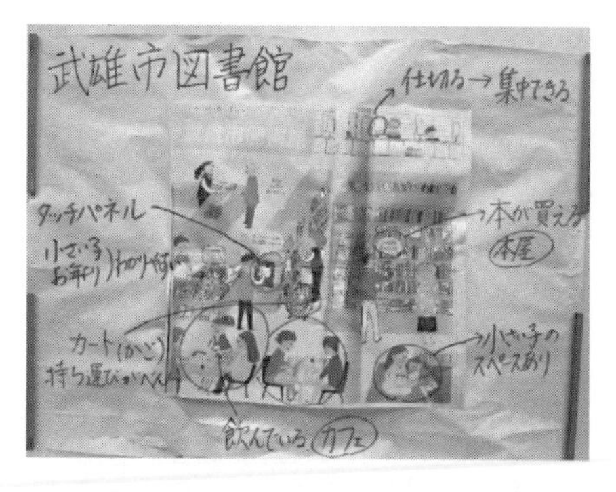

どちらも同じ公共図書館で，「大人になったら，Ｔ図書館，Ｍ図書館，どちらの図書館を利用したいですか」という問いのもと，さまざまな方へのインタビューを交えながら学習を進めていった。インタビューの相手は，父母のような身近な人，本校の司書教諭などを中心に，そのほかは文書資料で調べた。また，インターネットや文書資料に載っている武雄市図書館利用者の声や全国の人々の声，自分の身近な人々へのインタビューで集めた声などをもとに，「判断の基準」となる根拠を集め，考えていった。そうして出てきた「判断の基準」は，実に28項目にも及んだ。

③より優先したい「判断の基準」について考える

最終の話し合いに向けて子どもたちが大事だと考えた「判断の基準」
T：T図書館派（16人）　M：M図書館派（19人）

	開館時間	休館日	カフェ	コピー返却	Tポイント	本の貸出	静かさ	リラックス	[illegible]	司書	来館者数	運営	コスト	ぜい金	けい約心配	大人向け子ども向け	安心	かしだし期間	[illegible]	選書	楽しめる	世代	やすらぐ意[illegible]	もうけ	ジャンル別	レイアウト	べんり	滞在型
全体人数	12	9	9	5	3	8	13	7	3	10	2	12	1	0	9	9	1	1	5	2	1	1	1	1	1	1	1	1
T派人数	7	7	5	3	2	4	4	3	1	5	1	4	0	0	1	1	0	0	2	0	0	0	0	0	1	1	1	1

第７次では「これからの公共図書館のあるべき姿は，Ｔ図書館？　Ｍ図書館？」という問いで話し合った。話し合いの前に，どのような「判断の基準」を重要視したいのか，28項目の「判断の基準」の中から上位３つに各自が○をつけ，集計したものを表に示した。

特に重視したい判断の基準は，「開館時間･休館日」「カフェがあること」「静かさ」「司書の存在」「直営か民営か」「契約の心配（民営は５年位で契約が切れる事実を知った）」「大人向けか子ども向けか」の７点に絞られた。子どもたちがどの「判断の基準」を最も重要と考えるのか，教師も共に考えていくスタンスで臨んだ。

実際の話し合いでは，これからの公共図書館のあるべき姿は，「大人向けか子ども向けか」が，話し合いの中心となっていった。「若者の活字離れが叫ばれている中，来館者数を増やした大人向けのＴ図書館はよい」という主張の一方で，「子どものうちから本好きになることは，大人になったときの活字離れを防ぐのではないか」という意見もあった。また，「本を読むことで未来の日本がよくなる」という意見も出た。

地域の未来を思い，どうやってよくしようかと思うよき市民を育んでいくことが，本来の「公共」の役割として大切であることが，子どもたちなりの言葉で語られていた。公共図書館とは「本との出合いの場」という重要性が確認されことで，子どものうちから本との出合いを十分にさせることが，若者の活字離れを防ぎ，やがてはよりよい社会をつくることにつながるという判断基準が，子どもたちに形成されていったのである。

第4節 社会科の実践にみる，現代的な課題への取組みのポイント

第2章では，価値判断力・意思決定力を育成する社会科授業の実践例についてみてきた。

ここでは，「現代的な課題」を扱った社会科の授業のそれぞれの見どころや，道徳科の授業づくりに役立てたい手法やポイントを，編者の柳沼の視点から解説していく。現代的な課題に取り組む道徳授業の中で，ぜひ生かしていってほしい。

◆社会科❶　ごみ集積所「公平，公正」

この授業では，子どもたちが，自分の家やマンションでごみ出しをどう行っているかを事前に調べてきたうえで話し合うので，現実の実態や事情を踏まえた率直な話し合いとなっている。ごみの出しやすさ，管理にかかる費用，ごみを出す場所の決め方，掃除の役割分担など，子どもたちが多面的・多角的な視点から自然と問題解決に取り組めるようになっている。

社会科の話し合いでは，「ごみ回収は行政サービスだから，経済性や効率性が優先されるべきである」という現実的な意見も出てくる。また，「自分がごみを出しているのに，だれかに負担を押しつけてよいのか」という倫理的な問題が提起されることもある。さらには，「マンションのように，いつでもごみ出しできるようにすべき」という意見から，その管理費用を地域の人全員に求めるべきかが争点になるケースもある。

公共的な問題として公正，公平の見地から解決する展開にすると，道徳科でも活用できるだろう。

◆社会科❷　羽田空港「公共の精神」

この授業では，東京オリンピックに伴う羽田空港の飛行経路に関するトラブルを取り上げ，どうすればよいかを議論している。社会科では，子ども一人一人が自分の考えを明確にして意思決定をすればよいだけでなく，意見を

出し合い話し合って，互いに納得できる解に到達することが大事にされる。
ただし，こうした公共的な問題を考える場合，自分が問題の利害関係者であるかどうかで判断は大きく異なってくる。そこで，さまざまな利害関係者の立場からメリット・デメリットを，子どもが多面的・多角的に考えられるようにすることが大切になる。
この授業でも，羽田空港の飛行路線を増設することのメリットやデメリットをたくさん掲示して比較検討している。日本でオリンピックが開催されることは貴重であり，経済効果も高いため，訪日客に喜んでもらうためには少々の犠牲は覚悟すべきという意見も根強くある。いっぽうで，飛行機の経路を変えるのは行政側の都合で，住民にとってみれば迷惑なだけであり，上空を飛ぶ飛行機の破片が落ちてくるなどの事故も実際に起きているという意見は，看過できない。
こうした実際の社会的問題を取り上げて，公共の精神の観点からメリットとデメリットを比較検討すると，単純なきれいごとでは済まされない論点がたくさんみえてくる。そうしたさまざまな関係者の意見を踏まえて，相互の意見調整をしながら解決を考えられるようになることは，社会性だけでなく道徳性も高めることになるだろう。

◆社会科❸　防潮堤「生命の尊さ／郷土を愛する態度／自然愛護」

この授業は震災の復興をテーマとしている。住民の合意によって防潮堤が作られなかった地域を教材として取り上げている。これにより，行政側の指導（グランドストーリー）だけでなく，住民側の要望（アナザーストーリー）も活かして，子どもたちが多面的に話し合い，考えられるようにしている。社会科の授業に活かされている「多角的な社会認識」は，道徳科の「多面的・多角的に考える」ことにもつながるだろう。
社会科の問題解決的な学習であれば，「防潮堤を作るべきか否か」を正面から考え議論する展開も可能であっただろうが，ここには「防潮堤を作らない」という選択の背景にあえて注目させた実践者のこだわりがあると考えられる。
国は，防潮堤を作らないと，のちのち安全対策の責任を問われるという事情もあるが，住民側としては，津波による被害を心配するよりも，海と共に生きる生活を優先したいという切実な願いもある。このあたりは，杓子定規な行政側の指導と，この地に住む人々の要望の間に特有の葛藤がある。こうした現実の課題を扱うからこそ，建前に終わらず，複雑で深い問題解決を考え議論することができるようになるのである。

この授業では，社会科の観点から「知識・技能」「思考・判断・表現」「学びに向かう力・人間性」に分けて評価規準を設定している。道徳科の授業でも，こうした視点による認識の深まりを活用したいところである。

◆社会科❹　スーパーさいち「勤労／感謝／公共の精神」

この授業では，スーパー「さいち」の商売について取り上げている。授業で特定の店を商業的に宣伝することはしないが，商売の秘密（秘訣）を勤労の意義と関連づけて学ぶのは大いに価値のあることである。

一般的に商売は利益を上げるために行うものだが，スーパー「さいち」では「商売は人のため，社会のため」に行うものであると考えている。そして，地域の生活を支えるために，「本物」の仕事をしていくことにこだわる。こうしたところは優れた商道徳であり，子どもたちの生き方や人間としての生き方とも関連していく。

ただし，スーパー「さいち」では「お客本意，まごころがモットー」といっても，自己を犠牲にして損をして奉仕するわけではない。地元のお客さんと豊かな信頼関係を築き，よい品物を提供したり真心を込めた手作りのおはぎやお総菜を販売したりすることが，売上の向上や商売の繁盛にもつながっている。つまり，大規模商店とは異なる個人商店のマーケティングの視点で，自分たちのできる範囲で真心を込めて仕事を真摯に行っている。

こうした商売の秘密（繁盛の秘訣）を多面的・多角的に考え議論することで，子どもたちは商業の成り立ちを理解し，そこにある商道徳を学ぶとともに，地域の人たちと協働してよりよく生きるためのヒントを得ることもできる。こうした広い意味での価値内容を，道徳科にも有意義に取り入れたいところである。

◆社会科❺　八ッ場ダム「社会正義」

この授業では，ダム建設という政治的にも賛否が分かれる難しいテーマを取り上げている。こうした現代的な課題を社会正義の観点と関連づけて考え議論することができれば，社会科と道徳科の接点を見つけることができる。

「ダムを建設すべきか否か」という単なる問いかけだけでは，ありふれたディベート（討論）の授業になりやすい。また，狭い視野から，社会正義を盾に一方的にダム建設の反対を唱える展開にも陥りやすい。しかし，本授業では，経済的効率性，防災意識，治水，自然保全など，多様な観点から考え議論しているために，話し合いの深みが増している。なかでも，ダム建設には巨額の税金が使われ，その使い道の是非が問われることになるが，税金の使い方などは道徳科ではほとんど出てこない観点である。現代的な課題を社会正義と関連づけながら考えるうえで非常に有効な観点になる。

ダム建設について「賛成」と「反対」，具体的には「ダムによる治水効果」と「自然環境の破壊」といった対立構造で安直に議論せず，ダム建設に関わる多くの観点や，当事者たちの賛否両論の意見を踏まえて考え議論することで，より多くの人が納得できる解を求めようとしている点が，本授業において重要な点である。

ただし，こうした課題では，問題解決としての納得解がまとまらず，子どもたちの考えが千々に乱れて「さまよって」しまうこともある。しかし，同じ「さまよう」という結論でも，授業の前と後では理解の深まりによる変化があるところに注目したい。

なお，行政の判断によりダム建設が推進されたり中止されたりして，それに振り回された住民の心情に目を向けると，話はより複雑で切実になるが，話し合いのテーマが絞り切れなくなる面もある。だからこそ，本授業でもダム建設と中止の内容を分けて，場合分けしながら議論を深めている。こうした教材の提示の仕方や議論の進め方も，道徳科で活用したいところである。

◆社会科❻　沖縄の米軍基地問題「公平，社会正義」

この授業では，沖縄県におけるアメリカ軍基地の移設という現代的な課題に取り組んでいる。この課題は，大人でも（政治家でも）判断をつけにくいものだが，それでも果敢に当事者意識をもって問題解決しようとする姿勢に敬意を表したい。

授業では，そもそも「この沖縄の基地問題について東京に住む私たちが考える必要があるのか」という点から切り込んでいる。道徳の授業では，架空の問題（フィクション）を取り上げて，傍観者の立場で話し合うことがよくあるが，社会科の場合は現実の問題について当事者の立場で話し合うため，求められる切実さや真剣味がまるで違う。この問いかけは，子どもたちに当事者意識をもたせるための仕掛けになっている。

授業では，政治家の意見だけでなく，歴史的経緯を理解したり，地元の人（本授業では知念ウシさん）の声を聞いたりしたうえで考え議論するため，内容に厚みと凄みが出てくる。本当の意味での道徳的な「批判的思考」は，こうしたプロセスの中で養われると考えられる。

従来の道徳の授業では，こうした現実のテーマを取り上げても，ありきたりの道徳的価値に結びつけて，「思いやりが大事だと思いました」などと子どもに言わせて片づけてしまうことがあった。しかし，当事者の立場に真剣に寄り添い，同じ日本に住むものとして（自分事として）深く考えることは，道徳的な見方･考え方を広げることにつながり，日本人としてのアイデンティティを自覚させることにもなるだろう。

◆社会科❼　公共図書館のあるべき姿「公共の精神／公正，公平」

図書館の使い方は，道徳の授業でもよく取り上げられるテーマである。この授業では，2つの図書館の運営方法について取り上げ，社会科の見地から「何が対立しているのか」を明らかにしたうえで（つまり，問題発見学習をしたうえで），具体的な問題解決学習に入っていくことが特徴である。「どうすればよいか」とすぐに問いかけず，じっくり問題を発見するプロセスを大事にすることで，現代的な課題の真相に迫っている。

授業では，子どもたちの考えた多様な判断の基準をみることができる。子どもたちが現代的な課題について考え，判断する際の基準は，実は非常に数多い。社会科では，こうした「判断基準の多様さ」を前提に多面的・多角的な話し合いが行われるため，より複雑で深みのある授業ができる。道徳科の授業でも，はじめから常識化した道徳的諸価値を掲げるのではなく，子どもたちと多様な道徳的判断の基準を検討したうえで，より多面的・多角的に考え議論ができるように話し合いを展開したい。

さらに，この社会科授業では政治的リテラシーの4つの要素と照合して授業の評価を行っている。道徳科でも，育成すべき資質・能力をリテラシーと関連づけて，計画的で系統的な指導ができるようにしていきたいものである。

◆道徳科と社会科はいかにコラボレートできるか

第3章では，現代的な課題に取り組んだ道徳科の授業実践例を14本紹介する。これらの見どころは，社会科と同様に現代的な課題（特に社会的な問題）を取り上げながら，道徳科ならではの見方・考え方を通して授業を構成しているところにある。

道徳科ならではの見方・考え方とは，学習指導要領の内容項目に示された「道徳的諸価値についての理解」を踏まえつつ，子どもたちが自己を見つめ，物事を多面的･多角的に考え，「自己の生き方」や「人間としての生き方」について考えを深めるところにある。ただし，現代的な課題を道徳科の授業で扱う場合には，これまでのように単一の道徳的価値に関連づけたり，登場人物の心情を追求したりする展開だけでは，とうてい対応しきれない。

それゆえ，広い視野から多様な当事者の利害関係や価値観を理解し，社会的・文化的・心理的・歴史的・経済的な諸条件も踏まえて，多面的・多角的に考えながら問題解決を行う方法を，これらの社会科の授業から大いに学んでおきたい。

第3章 現代的な課題に取り組む道徳授業の実践例

1　現代的な課題に取り組む道徳授業の実践例

本章の各実践タイトル下の「編者コメント」には，
編者・柳沼が，その実践の特色や工夫を整理して述べました。

道徳科

みんなの本をどう守る？

―図書館利用のマナー―

山田　誠

編者コメント　図書館の使い方は，社会科の実践❼と共通したテーマである。道徳科では，「雑誌をカウンターの中に置くか」という点に問題を絞り，その賛否を考え議論している。よりよい図書館・図書室のあり方を１時間で追求できる形に構成されている。

1　子どもの実態

対象学年　高学年（5・6年生）

高学年ともなれば，みんなのものを大切にしなければならないことや，きまりを守るべきだということを子どもは理解している。しかし，現実には他人に配慮することができなかったり，守るべきことを守れなかったりすることは少なくない。公共物を傷つけても，きまりを破っても，心を痛めている様子が見受けられないことすらある。その理由の一つには，規範となるべき社会が不安定な様相であることがあげられよう。

しかし，世の中がそのような状況だからこそ，法やきまりの大切さについて考え，「つい」「わかっているけれど」公徳を守れないときの心の弱さを抑えて，易きに流れないようにする意欲を高めたい。

「みんなで使うものは大切にしよう」とする自覚を喚起し，実践につながる授業にしたい。

2　授業のねらいと教材

教材名　「みんなの本をどう守る」（NHK道徳ドキュメント）

内容項目　C-12 規則の尊重（関連内容項目　A-1 自由と責任）

この教材は，新聞やインターネットのニュースサイトなどでも取り上げられた，公立図書館の図書破損の問題を映像資料として構成したものである。番組の中に図書館司書など，図書に関わる仕事に携わる人々が出てきて，自分の考えを具体的に述べている。みんなのものを大切にする意識の低さについて考えさせてくれる番組である。

公立図書館の図書破損は大きな社会問題になっている。例えば横浜市緑図書館では，2015年度，破損（経年劣化を含む）のために約6千冊の図書が貸し出し不可となった（タウンニュース2016年6月16日号緑区版　https://www.townnews.co.jp/0102/2016/06/16/336211.html）。

子どもも，いたずら書きや破損している本を実際に図書館で見たことがあるだろう。そのときどんな気持ちになったか，その体験を重ね合わせて考えさせたい。

図書館の本を，カッターナイフで切り抜いたり，マーカーで線を引いたり，無断で持ち出したりするのは，「少しだけ」「自分だけ」と軽く考えてしまっているからであることが多い。そのように気持ちが緩んでしまう弱さは，だれでも少しはもっている。だからこそ，みんなのものを大切にし，きまりを守ろうとする意欲を高める必要があることに気づき，実践につなげられるようにしたい。

3　指導上の工夫・留意点

○教材提示の工夫

まず15分間の番組を見せる。番組視聴後，図書館が困っていること，対応について，概要を整理する。映像教材は，読み物教材と違って，何度も資料を見直すことができない。また，15分間の番組の中にはさまざまな場面が出てくる。理解力がある子どもは一度見ただけで内容を理解できるが，一度見ただけでは，問題点を把握できない子どもも出てくる。そこで，番組視聴後に問題になっていることを整理して，クラス全員に理解させることが大切である。このようにしないと，この後の議論が一部の子どもたちだけのものになってしまう。

問題点を把握した後，教材での争点となっている，雑誌をもとのようにカウンターの外の棚に置いて自由に読めるようにするか，現在のままカウンター内で管理するかについて，自分の考えをワークシートに書かせる。ワークシートに書かせた後，それぞれの立場で議論させる。議論した後，もう一度自分の考えを選択させ，思考の変化や深まりをみる。図書館員の山口さんの願いを確認して，「自由に本が読める図書館」にするための方策を考えさせたい。

禁止や制限の内容が多くなったときには，「たくさん読んでくれてありがとう」「きれいに使ってくれてありがとう」など，感謝の標語があることも問題解決のアイデアとして紹介したい。

授業後の発展として，公共物の使い方について話し合いをさせるのもよい。社会科見学や総合的な学習など，ほかの行事や授業との関連を図ることも効果的である。

4 評価について

• より多面的・多角的な見方へと発展しているか。

授業における話し合いを通して，雑誌をもとのようにカウンターの外の棚に置いて自由に読めるようにするか，現在のまま，カウンター内で管理するかということについて，たとえ自分の立場が話し合う前と変わらなかったとしても，自分の考えをより深めたり，広げたりすることができたか。

• 道徳的価値を自分との関わりの中で判断しているか。

授業において，「もし自分が図書館員だったらどうするか」と考えることを通して，子どもたちは，より切実にどうするべきか考えるであろう。

5 展開例

■ 板書計画

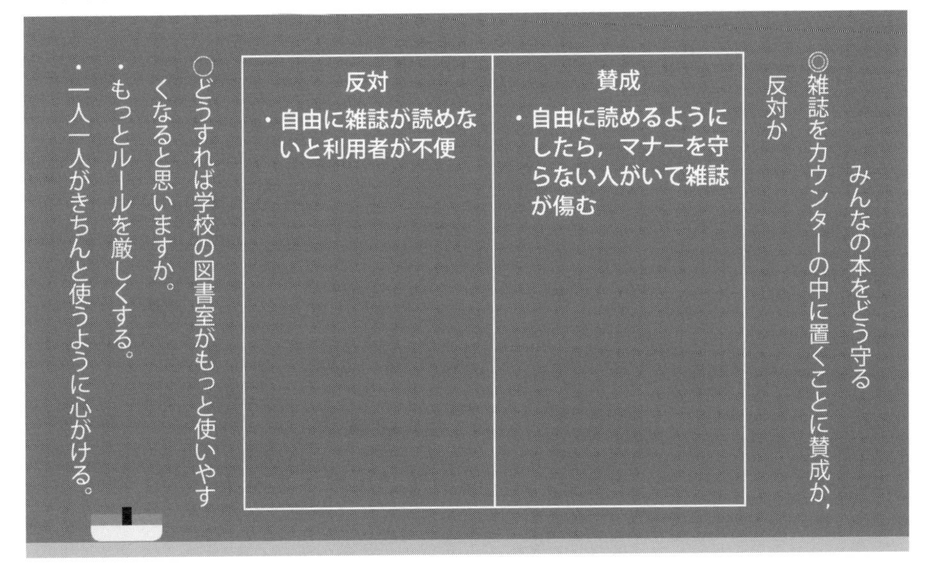
みんなの本をどう守る
◎雑誌をカウンターの中に置くことに賛成か，反対か
賛成
・自由に読めるようにしたら，マナーを守らない人がいて雑誌が傷む
反対
・自由に雑誌が読めないと利用者が不便
○どうすれば学校の図書室がもっと使いやすくなると思いますか。
・もっとルールを厳しくする。
・一人一人がきちんと使うように心がける。

■ 指導案

おもな学習活動	指導上の留意点
1．図書館の利用について問題意識をもつ。	
発問① 近所の図書館を利用していて，困ったことや驚いたことはありませんか。	
• 自由に本が借りられない。 • 本が汚れていて読みにくい。 2．道徳ドキュメント「みんなの本をどう守る」を視聴して話し合う。	• あまり時間をかけないようにする。
発問② 雑誌をカウンターの中に置くことに賛成ですか，反対ですか。	
• 4人1組などで話し合う。 • 順番にグループごとの意見を発表さ	

せる。 ［賛成］ ・自由に読めるようにしたら，マナーを守らない人がいて，雑誌が傷む。 ［反対］ ・自由に雑誌が読めないと，利用者が不便。 **3．解決策を考える。**	
発問③　**どうすれば学校の図書室がもっと使いやすくなると思いますか。**	
・もっとルールを厳しくする。 ・一人一人がきちんと使うように心がける。 ・司書の先生に図書室の利用状況を具体的に話してもらう。	

6 授業記録

○雑誌をカウンターの中に置くことに賛成する意見の例

・以前は自由に読めるようにしていたが，その結果，雑誌が傷つけられたり，黙って持って行かれたりして，被害を受けてしまった。そうなったのは，利用者の自覚がないからである。カウンターの中に置くことによって，その雑誌が読めなくなるわけではないので，カウンターの中に置いたほうがよい。

・図書館というと，自由に本を手に取って読めるというイメージがあるので，雑誌を自由に読めるようにするのはよいと思う。しかし，いまの段階では，切り取られたり，傷つけられたりするという被害があるので，カウンターの中に置いたほうがよいと思う。何か月かカウンターの中に置いて，被害が以前に比べて減ったのであれば，カウンターの近くに置けばよいと思う。多くの人は，カウンターの中に置くことによって，きれいな本が読めるので，喜んでいると思う。

・もともと図書館は，自由に本を手に取れて自由に読める場所である。その一方で，本を借りる人には，借りた本を借りたときと同じ状態で返すという責任がある。ルールが守られず，被害がどんどん増えるている以上，雑誌を自由に読めるようにはせず，カウンターの中に置いたほうがよいと思う。

○雑誌をカウンターの中に置くことに反対する意見の例

- 雑誌などを置く本棚をカウンターのすぐ横に置いて，図書館の人が見える場所で雑誌などを読んでもらったほうがよい。ずっとカウンターの中に置いてあると読む人がかわいそうだし，雑誌が少ないという苦情もきているので，職員の見えるところで自由に読めるようにしたらよいと思う。
- 最終的には，利用者みんながルールを守って自由に本を読めることが目標である。一度はカウンターの中に置くという処置を取り，時間をおいたのだから，利用者も前と違って責任を感じてくれたと思う。だから，もう一度カウンターの外に出してみればよいと思う。ただ，出すにしても，雑誌をカウンターの近くに置いたほうがよい。
- 図書館は，自由に本を借りられるのが魅力なのだから，雑誌をカウンターの外に出したほうがよい。カウンターの中に置いておくと，自由というイメージが消えてしまう。コピー機を雑誌のカウンターの隣に置いておいて，ほしいページがあればコピーすればよい。また，カウンターの目の前に雑誌を置けば，借りる人が本を傷つけにくくなる。

○事後活動

今回の道徳の授業を通して，子どもたちは図書館の問題に興味をもった。そこで，実際に自分の家の近くの図書館に行って，そこの職員に話を聞くことにした。そして，インタビューしたことをもとにして新聞を作成した。子どもたちが，自分の家の近くの図書館を取材して作成した新聞を紹介する。

子どもたちの作ったカベ新聞

みんなの図書館，みんなで守ろう

世田谷区立中央図書館に勤めている坪田伸子さんによると，切り抜きやいたずら書きが多いのは雑誌だという。漫画雑誌の切り抜きやいたずら書きが減らないため，貸し出しをやめているそうだ。そのほか，ポスターに書いて注意を促したり，本を返してもらうときに確認しているそうだ。

インターネットのホームページに世田谷区立中央図書館のことが出ていた。

資料係の越後さんによると，最近は，1日に2～3件のペースで切り抜きや書き込みがあるそうだ。
　この越後さんには，絶対忘れられない出来事がある。それは，次のようなことである。3年前，図書館内で女性がカッターナイフで雑誌に書いてあるヘアスタイルの写真を切り取っていた。越後さんは驚いて注意したが，その女性は，「どうしていけないんですか」と冷たく言い放ったとのことである。越後さんは，「もっとルールを守って本を大切に扱って，しっかり返してほしい」と話していた。

7 資料

○ワークシート

みんなの本をどう守る

名前（　　　　　　　　　　）

①雑誌をカウンターの中に置くことに賛成ですか，反対ですか。
（　　）賛成　　　（　　）反対
理由

○教材の概要　「みんなの本をどう守る」（NHK道徳ドキュメント）

・本の被害に頭を痛める図書館

いま，全国の図書館では，本が傷つけられたり持ち出されたりすることに頭を痛めている。栃木県宇都宮市立図書館もその一つ。図書館の職員は，毎日，本の修復に追われる日々が続いている。無断で本が持ち出されてしまうことも後を絶たない。宇都宮市立図書館では，年間6千冊の本がいつのまにか行方不明になっている。

・本を守るための図書館の取組みとは？

図書館では，無断で本が持ち出されることを防ぐため，さまざまな対策をとった。まず，本棚の配置を変え，職員の目が隅々まで行き届くようにした。本に特殊なシールを貼り，入り口にゲートを設けて，1冊1冊の本の持ち出しをチェック。さらに，人気のある雑誌はカウンターの中で管理し，利用者が見るときは職員に声をかけてもらうようにした。

・管理を厳しくすればするほど，利用しづらくなってしまう。

カウンターの中で雑誌を管理したところ，無断持ち出しは減った。ところが，一方で利用者は雑誌を自由に手に取ることができなくなってしまった。

たくさんの本を気の向くままに楽しむことができる図書館をつくりたいと願う図書館司書の山口さん。ほかの職員に相談をもちかけるが，管理を緩めることには反対の声があがる。

・「本が泣いています……」利用者に訴える山口さん。

山口さんは，傷つけられたり汚されたりして捨ててしまうしかなかった本を，図書館のロビーに展示した。無惨な本の姿を手にしたときの心の痛みを，利用者に訴えるためだ。傍らには，山口さんの思いを記した標語が添えられた。「本が泣いています……」　山口さんから利用者に向けた精一杯のメッセージである。

道徳科

自然や動物とよりよく生きるには
―野生動物による被害―

星　直樹

編者コメント　野生ザルの被害を動物愛護と村人保護の二観点から検討している。一般には「サルを守るか，村人を守るか」の二者択一になりがちだが，人と動物が共生する第三の解決策も探究している。現実的な課題解決を多様な見方の中から見いだす模範的授業である。

1　子どもの実態

対象学年　高学年（6年生）

社会科を好きな子どもが多く，学習にも意欲的なクラスである。高学年になると，発言をいやがる傾向があるが，考えをもつと進んで述べる子も多い。子どもにとっても共感的に捉えられる社会問題として，地方に見られるサルとの共生を扱った本教材での授業に取り組んだ。

2　授業のねらいと教材

教材名　「サルも人も愛した写真家」（NHK道徳ドキュメント）

内容項目　D-20 自然愛護（動物愛護）（関連内容項目　C-12 規則の尊重）

社会科では，社会的な問題を考える中で，「対立する価値をどう生かしていくのか」「取り巻く人々みんなを生かす方法はないか」などを探り，社会性を育てていくことを目的としている。道徳科も，社会的な問題を扱い，そこから最善解を求めていく学習過程は似ている。ただ，解決のプロセスを通して，ねらいとする道徳的価値を自分で見つめ，深めることで，自己に生かしていく点が異なるのである。

問題解決的な学習というと，知的なズレから問題を考えていく「理屈の世界」をつくるイメージがあるが，それだけでは学習問題は他人ごとで終わってしまうだろう。本授業では，青森県下北半島のある村に起こった「畑を荒らす天然記念物のニホンザルを駆除するか否か」という問題を取り上げた。

天然記念物のサルによる被害に悩んだ村は，畑を荒らすサルの薬殺を決定する。そこで，害を与えるサルを見分けることができる動物写真家に協力を依頼する。サルを愛してこの地に移り住んだ写真家である松岡さんの苦悩が語られるという内容である。

サルだけでなく，シカやクマなどの野生鳥獣によるさまざまな被害が，全国で問題になっている。2016（平成28）年度の野生鳥獣による森林被害面積は約7千ヘクタールにまで及んだ（林野庁2017，野生鳥獣による森林被害http://www.rinya.maff.go.jp/j/hogo/higai/tyouju.html）。

自然との共生について，本授業では写真家やサルの映像を見ることで，知的な理解のみではなく，「どう感じたか」「似た体験と比べるとどうか」など，感性や心情，体験などが伴う問題解決的な学習を行っていく。

3　指導上の工夫・留意点

サルが季節の中で生き生きと過ごす写真や映像を提示することで，「生活か？　命か？」という困難な状況を共有しながら，共感的かつ具体的に問題を捉えさせていく。さらに，話し合いの場では，「サル」か「村人」のどちらに賛成するかを決めることで，具体的な行動や対策を考えさせる。

社会的な問題は，大人でも解決が難しいだけに，最後はそれぞれの考えをもつことで終わってしまう授業もある。話題を絞って話し合いを深めていくために，登場人物の言葉に注目させ，丁寧に発言を取り上げることで，「自然環境の中で生きている自分」に気づかせていきたい。

4　評価について

授業では，「教材の世界を共感的に捉えているか」「共に生きるということを具体的に考えられたか」「自然と共に生きるということについて自分の考えをもてたか」などを，発言や聞き方，ワークシートなどから捉えていく。

また，ワークシートには，選んだ立場に加え，授業の振り返り欄を設け，授業での思考の様子をみる参考にしていく。

5 展開例

■ 板書計画

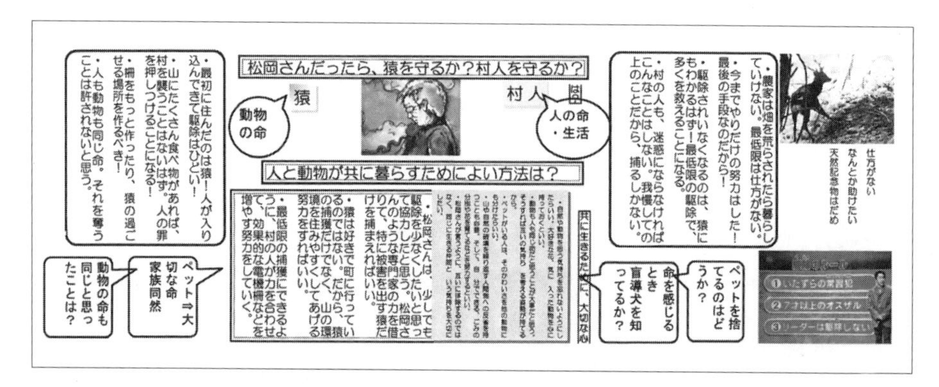

■ 指導案

おもな学習活動	指導上の留意点・と評価☆
1．ニュースを見て感想を聞く。 ・天然記念物だから，捕ってはだめ。 ・農作物を食べるなら捕獲する。	・今の問題にふれ，話題への関心を引き出す。 ☆問題への関心がもてたか。
2．（視聴後）学習問題を設定し，話し合う。	・どちらかの立場で捉え，意見をよりはっきりともたせていく。

松岡さんだったらサルを守る？　村人を守る？

サル（協力しない）	村人（協力する）	
・最初にすんだのはサル！　人が入り込んできて駆除はひどい！ ・柵を作ったり，サルのいる場所を作るべき！ ・山にたくさん食	・農家は畑を荒らされたら暮らしていけない。最低限は仕方がない。 ・いままで努力はした！　最後の手段なのだから！	☆立場から考えをもてたか。 ・①行為，②理由，③心情，④立場状況から意見を聞き，以下の点に気をつけ，話し合いを展開していく。 ①類似した意見は寄せながら，解決方法を集めていく。 ②意見の相違やズレを大切にし，考えるきっかけとする。 ③自分の体験や感じたことを大切にし，共通点を見いだしていく。

べ物があれば，村を襲うことはないはず。 ・村の人も，我慢してのうえのことだから，捕るしかない。	
人と動物が共に暮らすためによい方法は何か？	
・松岡さんは，少しでも駆除を少なくしたいと思って協力したと思う。 ・サルは好きで町に行っているのではない。だから，サルの捕獲だけでなく，山の環境をすみやすくしてやる努力をすればよい。 ・最低限の捕獲にとどめるように，村の人が力を合わせて，効果的な電気柵などを増やす努力をする。	・問題解決のなかで，子どもたちの意見や感じ方，似た体験などを話題へとつなげながら問題を修正し，自分との接点を見いださせていく。こうして，設定された学習問題を，子ども側に寄せた問題へ修正・変容させることで，自分の生活に生かす主体性を育てていく。
人と動物が共に暮らすために一人一人が考える大切なことは何だろう？	
・自然や動物を思う気持ちを忘れないようにしたらよい。大好きな花，気に入った動物を心にもっておくとよい。 ・動物も人も同じ命だと思うことが大事だと思う。そうすれば互いの気持ちを考える姿勢がもてる。 ・ペットがいる人は，そのかわいさをほかの動物にも分けたらよい。 ・山や自然の破壊を繰り返す人間側への反省をもつことも必要。そして，自分でできる，ごみの分別や花を育てるなどを努力するとよい。	・自分の体験などを積極的に拾い話題にのせたり，自然や命に関する具体物を思い浮かべたりすることで，自分との接点を見いださせていく。
３．今日の学習を振り返り，ワークシートにまとめる。 ・人も動物も気持ちよく過ごせる方法がわかってきた。 ・認め合う気持ちをもつことが解決につながるとわかった。 ・いやなことがあっても，許す心が大切。その心があれば共に暮らせる。	・板書を使い，今日学んだことをワークシートに書き，まとめることで，自分の価値観を深めたり，学習方法を意識させたりする。

6　授業記録

○学習問題の設定

社会的な問題の多くは，子どもにとって距離がある。そこで，映像を視聴させる前に，教材に似た事例の「奈良のシカ」のニュースを見せた。「迷惑なので仕方がない」という意見と「駆除はだめ。それは人の勝手である」という意見が生まれた。この構えで，教材である「サル」のビデオを視聴した。視聴後，感想を聞くと，主人公の松岡さんへ注目が集まった。そこで，「もし松岡さんだったら，（駆除に）協力しますか？　しませんか？」という学習問題を作り，話し合いに入った。

○問題解決への話し合い

Ｔ：自分が松岡さんだとしたら，どうしますか？

Ｃ：最初にすんだのはサル！　後から人が入り込んできて駆除はひどいと思う。協力できない。

Ｃ：人も動物も同じ命。それを奪うことは許されないと思う。

Ｔ：サルを守ろうという意見が出ていますが，反対はありますか？

Ｃ：サルの命が大切というのはわかるけど，農家は畑を荒らされたら暮らしていけない。最低限は仕方がないと思う。だから，協力してできるだけ少ない犠牲にするのがいい。

Ｃ：いきなり駆除したわけではない。いままでやるだけの努力はしたうえで，最後の手段なのだから！

Ｃ：村の人も，迷惑にならなければこんなことはしない。我慢したうえのことだから，捕るしかない。

Ｔ：もし，自分がサルの立場なら，受け入れられるでしょうか？

Ｃ：人の勝手な行動にあきれると思う。駆除はひどすぎ。

こうして，サル寄り，村人寄りの意見が出そろった。互いの立場で発言する中で，村のおかれた状況や，空気銃で威嚇したり柵を張り巡らしたりした，いままでの対策なども共有できていく。すると，どちらも譲りにくい切実な状況にあることがわかってきた。

このように板書を使い，話し合いの中で，教材が示す事実を自然な形で理解し合っていくことは，問題解決的な学習の出発点である。

そのとき，ある子が，「でも……」とつぶやき首を傾げた。このような問題解決の話し合いでは，積極的な発言ばかりでなく，意見を聞く側の反応を生かすことが，新たな展開につながることも多い。

Ｔ：「でも」の先を聞かせてください。

Ｃ：駆除され，そのサルがいなくなったのは，ほかのサルにもわかると思う。サルが教えられていれば，最低限の駆除で，多くを救えることになるのかなっと思った。

この発言で，学習問題が修正されていくこととなった。「松岡さんとしてどうするか」という条件が外され，「共に暮らすために，人ができることは？」という最善解へと話し合いが進んだ。

Ｔ：話題が少し変わってきました。いま，できることは何でしょうか？

Ｃ：人もサルも同じ命。だから，すみ分けをしたらよいと思う。

Ｃ：山を区切って柵を立ててここまではサルの区域としていく。

Ｔ：すむ場所を分ければ，うまくいくでしょうか？

Ｃ：サルは餌を求めて村に来るのだから，食料がなければだめだと思う。山に食料を定期的に置いておけばよい。

Ｃ：毎回，食料を運ぶのは，費用も人手もかかるから無理だと思います。

Ｃ：植樹などをして，餌が取れるようにしたらいい。毎回行く必要もなくなるから。

Ｃ：電気の柵は効果が出たから，もっとこの柵を張り巡らせば畑も守れる。サルを入れなければ，農業の被害もなくなる。

○学習問題の変容

こうして解決策を話し合う過程では，現実から離れた意見も多く出てしまう。大人が取り組んでも難題だから当然である。そこで，出された解決策をもう一度見つめていくことにした。

Ｔ：たくさんの意見が出ました。どれも，双方の意見を取り入れているのですが，もう一度見つめて考えてみましょう。

Ｃ：柵も餌もお金がかるので，だれが出せばよいのかという問題が出てくる。

Ｃ：植樹も費用を出すこともだれがやるのかが難しい。

ここで，「できること」から「何を大切にするか」という問いへと問題がさらに修正されていった。

T：すべて解決はできないけれど，少しずつよくすることはできそうですね。
　でも，本当に解決するには何が必要なのでしょうか。
C：今までの解決策は，どれも人からの目線だと思う。だから，人もサルも
　同じ目で見ていくことが大事だと思う。
C：山にたくさん食べ物があれば，サルも村を襲うことはなかったはず。人
　の罪を押しつけてはいけない。

ここで松岡さんのインタビュー映像をもう一度見て，その中にある「もしサルが話ができたら何と言うだろうか」という問いを考えた。

C：「山の物を盗んだのは人間だ！」って思っているかもしれない。
C：松岡さんが言うように，人の都合で考えるのではなく，動物も同じ環境
　にすむ仲間として考えることが大切だと思った。
C：人がしていることの反省が必要だ。ペットを飼っているときのことを思
　い出し，ペットを思うように周りの自然を考える。

こうして一人一人が，よりよい解決策を考えながら，「同じ仲間」「同じ命」として思いを膨らませることの大切さに気づき，話し合いを終えた。

最後に授業の振り返りを書かせると，「友達の意見から考えが変わった」「よい点や共通点が見つかった」などそれぞれが学び方を見つけていた。

○授業後のワークシートから

「学習を振り返って」の記述を見ると，「人ばかりでなく，サルや動物や自然の目線で」考える大切さを述べる子が多く見られた。多面的な思考で学んだ結果でもあるだろう。また，本時では解決の難しい社会問題を取り上げたが，子どもたちが自ら課題を捉え考えたことで，改めて「問題の難しさ」を感じ，だからこそ，よりよい解決に向けて考える必要を感じた点も，学んだ意義を示している。

7 資料

○子どもの書いたワークシートの例

○ 今日の学習を振り返って

人も猿も同じ命であることに変わりはない。しかし、「どちらも大切」と言いきることは簡単でも、どちらもゆずらないわけにはいかない。そのため、双方が１歩ずつゆずり合い、お互いの生活をよく知って尊重し合うことが大切だと思う。村の人たちも、猿の生活を学べば、「この季節にはこうした方がよい」などと新しい対策方法が見つかるかもしれない。全くちがう２つのものが分かりあうのはとても難しい。「希望が全て通る」というのは片方だけにかたむいているということだ。少しずつあきらめ、相手にゆずりあう心を持つことが大切なのだと思う。

次の項目で当てはまるものに○をつけましょう。

①考えが変わったり、納得できることが見つかったりした。
②主人公と自分の考えを比べることができた。
③友だちの意見の中に、よい点や共通点を見つけられた。
④自分にできることを考えられた。

○ 今日の学習を振り返って

人と自然が共に生きるためには、どちらの立場からも考えることが大切だと思う。話し合いの中でもあったように、「人の命は優先」と絶対決めつけることはできない。このような問題は、必ず結果はどちらを優先させるかが結果になってくる。方法はいくらでもできても、現実にできるかも大事だ。しかし、結局決めるのは人間だから

道徳科

河川敷はだれのもの

―公園の自転車トラブル―

星　直樹

編者コメント　河川敷という公共の場を，だれもが楽しく活用できる場にする方法を考える授業である。野球，ジョギング，自転車など多様な利用者がいる中で規則をどう決めるか，どう運営していくかを，ドキュメンタリーで段階的に追究している。

1　子どもの実態

対象学年　高学年（5年生）

附属小学校の子どもで，普段から工夫を凝らした授業を受けており，学習意欲も高い。関心ある話題には，積極的に発言し，自分の意見を述べる。この高い関心を生かし，身近な「河川敷の使用の問題」を取り上げ，いろいろな立場から考えることで，自分の意見をつくり上げていきたい。

2　授業のねらいと教材

教材名　「河川敷はだれのもの」（NHK道徳ドキュメント）

内容項目　C-12 規則の尊重（関連内容項目　C-14 公共の精神）

問題解決的な学習とは，教材に示された他者の問題に，「自分ならどうする」という自己の意志や考えを見いだし作りだす中で，道徳的な価値の大切さを改めて知ったり，人と共に問題解決を考えたり解決の仕方を学んだりすることだと考える。だから，社会的な問題を取り扱う場合も，子ども自身が自分の問いを見いだせる学習問題を設定したい。

取り上げる教材は，NHK「道徳ドキュメント」の映像教材である。荒川河川敷は，人々がスポーツや散歩など思い思いのことをして過ごせる場所であるが，近年，スポーツバイクがここを走るようになり，歩行者との衝突事故が多発して問題になっている。これを受け河川敷の管理者たちがルールを作るが，その後も歩行者側と自転車側の両方にけが人が出てしまい，社会問題となっている。

全国的にも，自転車対歩行者の事故件数は2000年から2010年にかけて約1.5倍増加し，2760件に達した（自転車の安全利用促進委員会　http://www.jitensha-anzen.com/problem/problem03.html）。

授業では，「公園を利用する人と自転車に乗る人が楽しめる使い方は何か？」という学習問題を設定し，野球，ジョギング，自転車など自分の経験に照らして使い方を話し合う。ここには，みんなの場所を利用者がどう気遣うのかという問いの中に，「規則」をどう作り考えるかという学びが込められている。どのように物事を見つめ考えるのか，規則とはだれのためなのか，などについて考えていく。

3　指導上の工夫・留意点

葛藤教材なので，視聴後に「利用する人と自転車に乗る人が楽しめる使い方は何か？」という問題が設定できる。学習問題を設定するうえで大切なことは，他人事で終わらせず，「自分にとっての問題」を見つけさせることである。そのために，「利用する人」と「自転車に乗る人」の双方の立場から問題を捉え，話し合う中で，自分の体験と照らしながら考えさせていく。そして，問題の解決を図るには，結果や方法だけではなく，「一人一人の心のもちよう」こそ大切であると気づいたとき，子どもは「（道徳的に）よりよくありたいと思う自分」と「そうではない自分」とのズレを見いだし，自分のよさや課題を改めて見つめていくことになる。

4　評価について

本時では，「規則の大切さ」をねらいとしながら，学習問題を多面的に捉え，解決への考え方を学ぶことを意図している。発言や話し合いの様子から，「自分の考えがもてたか」「考えをどう修正していったか」などの思考を評価していく。その際，子どものワークシートの記述を参考にしていく。「考え」に至った自分の理由や価値観をを見とることが大切である。

5 展開例

■ 板書計画

■ 指導案

<table>
<tr><th colspan="2">おもな学習活動</th><th>指導上の留意点</th></tr>
<tr><td colspan="2">1．番組視聴（前半）と学習問題づくり。
○感想を言いましょう。
・野球をする子がかわいそう。
・自転車で飛ばしたいのはわかる。</td><td>・前半のみ視聴し，問題を感じさせる。
・感想を聞きながら自然に問題づくりをしていく。</td></tr>
<tr><td colspan="3">利用者と自転車に乗る人が楽しめる使い方は何か？</td></tr>
<tr><td>利用する方
・みんなの場所だから，危険な自転車が気をつけるべき。
・20キロを超えたら罰金とルールを厳しくする。
・自転車は危険だから歩行者に優しくゆっくり走ればよい。</td><td>自転車に乗る人
・みんなの道路だから，歩く人は端を歩いてほしい。
・ある程度のスピードを出さなきゃ楽しくない。
・急な動きこそ危険で，それがなければ事故は防げる。</td><td>・「利用者」「自転車」の双方の立場に立ち，意見を述べさせ，その状況や課題，意見などを共通理解しながら，考えていく。ときに立場を入れかえるなど，多面的に問題を捉え思考を広げる。
・問題場面の細かな状況設定は，必要に応じて話し合いの中で行う。</td></tr>
<tr><td colspan="3">双方が安全に楽しむにはどうすればいいか？</td></tr>
</table>

<table>
<tr>
<td>・道に凸凹をつけスピードが出せないようする。
・歩行者と自転車の間に線を引きエリアを分ける。
・ボールを取るための飛び出しを禁止したり，道を一方通行にしてターンすることをなくせばよい。
・野球場や釣りの場所は徐行エリアにして，違反したら罰金を取る。
・警察官に巡回してもらい，違反者を取り締まろう。
・横断する場所を決め，そこ以外で渡るのは禁止。

２．番組視聴（後半）。</td>
<td>・双方の立場や意見が出たところで，問題を修正し「安全な楽しみ方」を探っていく。
・異なる立場からの主張を考えることを通して，「互いに必要なこと」へと焦点を移していく。

・「取り締まる」など厳しくする考えなどから「規則とは何か」を考えていく。</td>
</tr>
<tr>
<td colspan="2">一人一人が考える大切なことは何だろう？</td>
</tr>
<tr>
<td>・韓さんがしていたように，互いの気持ちを伝えていくことで，共に楽しもうという人を増やすことが大切だと思う。
・結局は，一人一人の思いやりだ。みんなで楽しむ場所であることを忘れないで使いたい。
・「止まる勇気」のように，歩くときに端に行ったり，人が見えたらスピードを落とすのは，一つの我慢だけど，それをできる人になりたい。

３．学習を振り返る。
・すべてルールにしてしまうと，みんなが気持ちよく過ごせないことがわかった。だから，みんなの場所であることをよく考えて気持ちのよい場所にできるよう協力することが大切だと思った。</td>
<td>・すべてを解決する方法はないことに気づかせ，何が大切なのかを改めて見つめさせていく。
・番組の後半を視聴し，それをヒントとして，話題を方法から心の中へと移していく。

・学んだことをワークシートにまとめる。価値だけでなく，自分の考え方なども振り返らせ，評価の参考にしていく。</td>
</tr>
</table>

6 授業記録

○学習問題の自然な設定

T：（教材の前半を視聴）どうでしたか？

C：歩いている人は，自転車が走ると怖がると思う。

C：でも，自転車でスピードを出したいという気持ちもわかる。

T：問題がはっきりしたね。「どちらも楽しむ方法は？」でよいですか。

学習問題を自分の問題とするために，問題設定の場面は大切に扱いたい。話し合いの時間確保のためにすぐに視聴したので，その感想を聞きながら，子どもが抱いた問いを学習問題にした。その後は，「利用者」「自転車」の双方の立場に立たせ，意見を聞いた。

○問題解決への話し合い

（利用者の立場で）

C：自転車は危険だから，歩行者のことを考えてゆっくり走ってほしい。

C：並んで走るのは，道をふさぎ，歩けなくなるのでだめ。

C：車に乗ったつもりで危険だと思って注意して走ってほしい。

（自転車の立場で）

C：左右を見ないでいたり，横に並んで歩いたりするのは危ない。

C：野球などでボールを取ろうとして飛び出すのはやめてほしい。

C：道路は，使う場所と考える。遊ぶのはだめです。

T：それぞれの立場で考えるとそれぞれの言い分があることがわかりましたね。では，双方が楽しむにはどういう解決方法があるでしょうか？

解決の手立てを話し合う際に，できるだけわかりやすい工夫をする。ここでは，道の分け方が予想されたので，模造紙や絵カードを用意し，子どもが考えた工夫をわかりやすく伝えられるようにした。

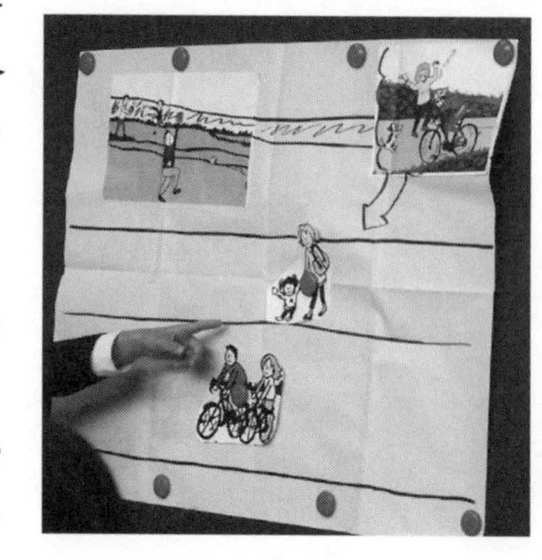

C：（模造紙に道に分ける線を書きながら）こうやって2つに分けたらよい。

C：でも，自転車が転んだら，歩行者にぶつかるから，自転車ゾーンを広めにしたらよい。

C：それには反対。自転車はヘルメットをかぶっているから，広いほうを歩行者にするのがよい。

C：道の真ん中を開けて，両方が端に寄ったほうがぶつかりにくいと思う。

C：道には自転車だけにして，歩行者はグラウンドなどを歩くようにするのもいい。そして，渡るのは，横断歩道を作り，そこだけにする。

C：線だけでは，守らずにぶつかる危険があるし，野球場からボールが飛んでくることもあるので，けがをなくすのは難しい。

C：フェンスを作ればはっきりする。

C：それでは渡れないし，お金もかかってしまうから無理だと思う。

C：自転車も普通のと速いものとに分けたほうが事故が起こりにくいと思う。

T：さらに分ける線を増やす？

このように河川敷の道をどう区分けして利用するかに話題は集中した。模造紙に線を引きながら話すので考えが具体的に伝わり，道の幅や線の引き方が工夫された。しかし，話し合う中で，「私はペットを散歩させるんだけど，どうしてもペットが道に広がっちゃうから道が狭いのはちょっと……」と経験から使う難しさが語られると，「区分け」では解決しにくいことが実感された。

そこで，話題は，「ルール」へと移っていった。

C：エリアを越えてしまう人もいて，事故は起こるのだから，罰金を取って守らせればよいと思う。

T：そう思う人は？（挙手少数）。河川敷にも，「自転車は20キロ以下で走る」というルールもあるけど，それでも事故は起こるんですね。ロードバイクってこういうものなんです（ロードバイクの実物を見せる）。

C：（バイクを触りながら）せっかくスピードを出すために作られた自転車なのに，横断歩道でいちいち止まったり，20キロ以下で走ったら気持ちよくないし，楽しめない。ルールは，歩行者のためになっている。

C：だから，エリアに分け，守らなければ罰金を取るしかない。

C：でも……。ルールは，もともと守れないときのための最終手段だと思う。それぞれが約束を守れないのは，情けない（共感の拍手がわく）。

○子ども側から学習問題を見つめる

ルールを罰金で強化する話題になると，子どもたちは「使う立場」の人々に寄り添って考えるようになっていった。そこで，公園を使うときに必要な「気遣い」へと学習問題が変わっていった。

T：一人一人の考えの話題になってきたね。この河川敷にも，使用者の心に訴えている人がいるんです。ビデオを見てください（後半を視聴）。

T：安全に楽しむためにルールや工夫は必要です。でも本来，一人一人考えられるといいね。ここは，ワークシートに考えをまとめてみましょう。

学習問題が「一人一人が考える大切なことは何か」と修正された。そこで，ねらいへと迫るために，ワークシートに書くことで，考えを整理させていった。

T：使う人たちが考える大切なこととはどんなことだと思いますか？

C：相手の立場を考えて方法を考えることが大切だと思います。だから，それぞれが「譲り合う心」が大事だと思う。

C：自分たちが使うのだから，だれもが自分からけがや事故がないように考えるのが大切だと思う。それを投げかけるのが規則だと思う。

C：ルールは大切だと思う。それに加えて，ほんの少し，自分から気をつけるようにすれば事故は少なくなる。つまり，自分からルールの意味を考えることが，規則を大切にすることだ。

C：大勢がいろいろなことをしているから，一人で気をつけても無理がある。だから，規則を決め，それをみんなで守る気持ちが大事だと思う。規則はみんなのためにあると思う。

C：破る人もいるかもしれない。だから，ときどきみんなで集まったりすれば，また，きまりの意味を考えることができると思う。一人一人が気をつけて考えればマナーになっていくと思う。

新たな学習問題では，多くの子が，「規則」について考える意義を見つけ，語っていた。

本時では，明確な社会問題を話し合いながら，自分たちの学習問題へと近づけていった。子どもが最善策を考え，話し合っていくことを通して，規則の意義やそこで大事にされる価値について見つめていった様子がわかる。多面的な思考や丁寧なやり取りが授業の鍵である。

7 資料

○心のノート

河川敷はだれのもの？

名前（　　　　　　　　　　）

何が問題か？

最初の学習問題を書く

【授業メモ】

「道の図」や板書の大切な言葉など自由に書かせる

学習問題2

修正した学習問題を書く

○今日の授業を通して，気づいたこと，わかったことを書きましょう。

住みよい暮らしには何が必要か
―ペットと騒音の問題を通して―

古見豪基

編者コメント マンションでのペットと騒音の問題を取り上げ，2時間連続で授業をしている。当事者にはそれぞれ理由があるわけだが，みんなが住みよい暮らしをするためには何が必要か。規則の尊重と相互理解，寛容の矛盾・対立を再考させることができる。

1 子どもの実態

対象学年 高学年（5年生）

5年生の社会科では，大単元「国土の自然とともに生きる」の中に公害問題が位置づけられている。本クラスでは，騒音問題に調べ学習で取り組む子どもが多かった。そこで，これらの問題をより自分事として考えさせたいという考えから，道徳科の授業でも取り組むことにした。

2 授業のねらいと教材

教材名 「ピアノの音が」（東京書籍6年）
補助教材「いらなくなったルール」（NHK道徳ドキュメント）

内容項目 C-12 規則の尊重（関連内容項目　C-14 公共の精神／D-19 動物愛護）

子どもたちはルールの重要性を知っている。しかし，実際にトラブルが起こると「そのルールは守られているのか」「実態に適応しているのか」という問題が浮上する。さらに，異年齢，価値観が異なった人々とはどのようにルールと向かい合えばよいのか。ルールについて権利と義務との関連を意識させながら問題解決に向けた資質・能力を育んでいきたい。

3 指導上の工夫・留意点

○単元計画

〈1時間目〉

- 社会科の調べ学習をもとに，騒音の問題について全体で共有し問いを立てる。
- 補助教材の前半（ペットの問題）を視聴して問題を発見し，社会科で学んだことを生かしながら道徳的問題を取り上げて，道徳的価値のよさについて吟味していく。

〈2時間目〉

- 前時で学んだ道徳的価値のよさがほかの問題でも適応するのか考える。
- 教材の後半（騒音の問題）を読んで問題を発見し，道徳的価値のよさについて再吟味していく。
- 学習したことをまとめる。

○教材提示の工夫

①導入では，社会科で調べた資料をもとに騒音の問題について取り上げて問題意識を高めるようにしていく。その中で，問題に悩んでいる人々の気持ちや思いを考えられるようにしていきたい。

②展開では，マンションの中で問題になっている「ペット問題」と「騒音問題」を順番に取り上げる。2時間構成になっているので教科書の内容を分断して提示したい。

○問題解決的な学習としての展開方法

1時間目は「ペット問題」で起きた道徳的問題を取り上げ，ルールをどうしていくかを問題解決的に吟味していく。2時間目は，1時間目に学習したことをもとに「騒音問題」を取り上げて，道徳的問題を再吟味していく。

「騒音問題」においても1時間目に学んだルールのよさが通用するのか，道徳的問題を多面的・多角的に考えさせることで，ルールのよさについて新しい視点で考えられるようにしていきたい。また，問題解決的な学習においては，考えた解決策が，どのように人々の情に影響し，道徳的諸価値を通して，人間のよさを多面的・多角的に吟味できるかが大切である。授業では，子どもたちに知と情を育む問いを投げかけていきたい。

4 評価について

- 公害問題の中にある道徳的問題を発見することができたか。
- ルールを多面的・多角的に考えることができたか。
- 学習を通して，自己の経験に照らしながら考える中で，学びの変容があったか。

5 展開例

■ 板書計画

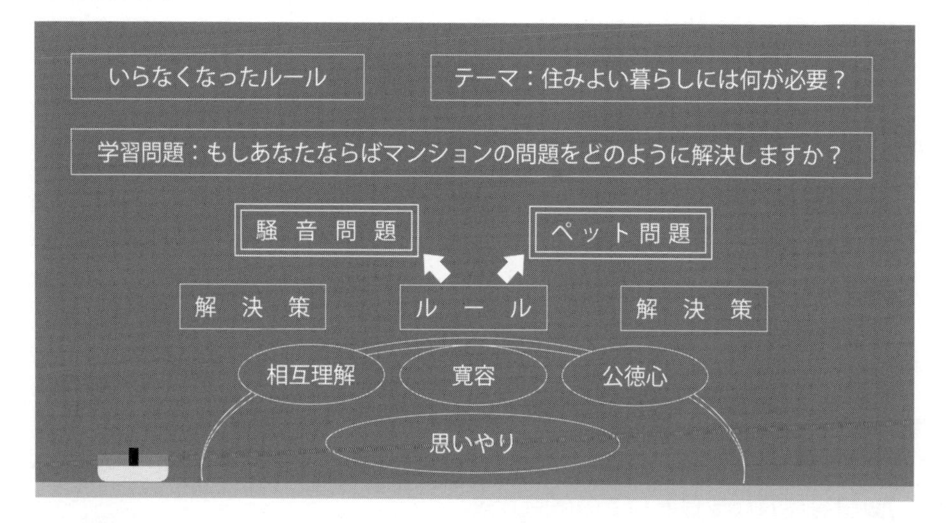

■ 指導案

（1）本時のねらい

きまりのよさについて多面的・多角的に考えることを通して，さまざまな暮らしの中で起こる問題に対して自分なりに選択，判断する中で解決するための力を養う。

（2）本時の展開

おもな学習活動	指導上の留意点・と評価☆
【1時間目】 **1．社会科で調べた騒音問題について発表し，道徳的問題を発見し，共有する。** •「そこで暮らしている人々の気持ちはどうでしょうか」 •「問題を発見しましょう！」 **2．補助教材を視聴し，問題を発見する。** （前半）ペットの問題まで ○条件，状況を確認する。	•社会的な問題の中から，道徳的問題を発表させることで，自分の問題として捉えさせ，ねらいとする価値への関心・問題意識を高める。 ☆社会的な問題の中から道徳的問題を発見することができたか。 •「住みよい暮らしには何が必要なのか」という問題意識をもって授業に取り組ませる。
テーマ：住みよい暮らしには何が必要なのか考えよう！	
3．教材について話し合う。 ①マンションの何が問題になっていましたか。 ②岡さん（マンション組合の理事長）は何を困っていましたか。	•教材から感動したところや疑問に感じたところを見つけて学習問題をつくり，テーマと関連づけながら，テーマを共有し，考えていく方向性をつかむ。 •教材から道徳的問題を発見させ，ねらいとするテーマにつなげていきたい。
学習問題：もしあなたがマンションの住人だったらどうしたらよいでしょうか。	
③もしあなたがマンションの住人だったらどうしたらよいでしょうか。 ④マンションの住人が解決するうえで大切にしてきたルールのよさとは何ですか。 **4．新たな課題をもつ。** •今日の学習から新しく思った疑問や課題を発表する。	•解決策を考えていく中で，方法だけでなく，方法を実践するなかで感じる人々の思いについても考えるようにしていきたい。 •対話を通して，学んできた道徳的価値について自分の言葉でまとめられるようにしていきたい。 ☆学んだことをもとにねらいとする価値を振り返えることができたか。 •振り返りをもとに次に自分の生活に生かせることを考え，クラスで共有する。

【2時間目】 **1．教材を読んで，問題を発見する。** （後半）騒音問題まで	・「住みよい暮らしには何が必要なのか」という問題意識をもって授業に取り組ませる。
2．教材について話し合う。 ①マンションの何が問題になっていましたか。	・ピアノの音は騒音問題になっていることを社会科の資料などで照らし合わせ，学習したことを生かしていきたい。
②ピアノを演奏したい人と静かに暮らしたい人はそれぞれどんな気持ちでしょうか。	・相互の立場で感じていることを考え，相互の気持ちを共有していく。
③1時間目に考えたルールのよさは騒音問題でも使えるのでしょうか。	・既習事項を他の問題に活用できるのかどうか対話を通して，多面的・多角的に考えさせたい。
学習問題：ルールをしっかり作れば騒音問題は解決できるのでしょうか。	
3．振り返りをシートに記入する（宿題）。 ④全体で学んだことをもとに「住みよい暮らしのために何が必要か」書きましょう。	☆2時間で学んだことをもとにねらいとする価値を自分の言葉で振り返ることができたか。

6 授業記録

（1）導入：社会科で調べた資料をもとに問題意識を高め，問いを作る！

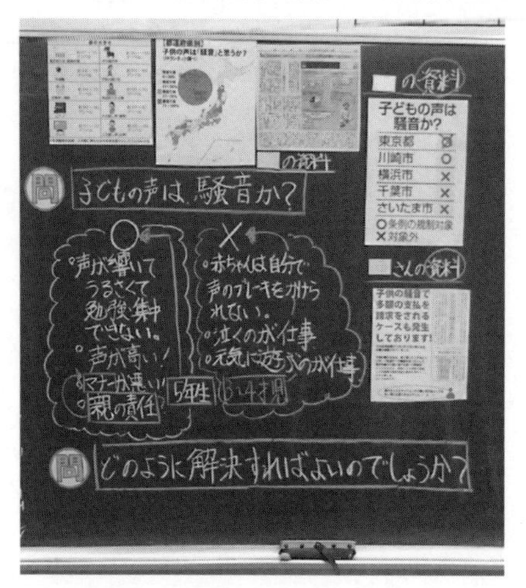

社会科で調べた騒音問題をもとに「子どもの声は騒音か？」という問いを投げかけ，それぞれの問題について考えた。子どもたちは，住民，子どもの家族，子ども（10歳前後で考えた）それぞれの立場や能力などを考慮しながら，この問題の解決に向けてどうしたらよいのか考えた。

ここでは，ルール作りという話題よりもそれぞれの立場上の問題や気持ちを捉えることに意識が集中した。

（2）展開：社会的問題を，道徳的諸価値を通して2時間で問題を追求！

〈1時間目〉社会的な問題をルールのよさを通して考える！

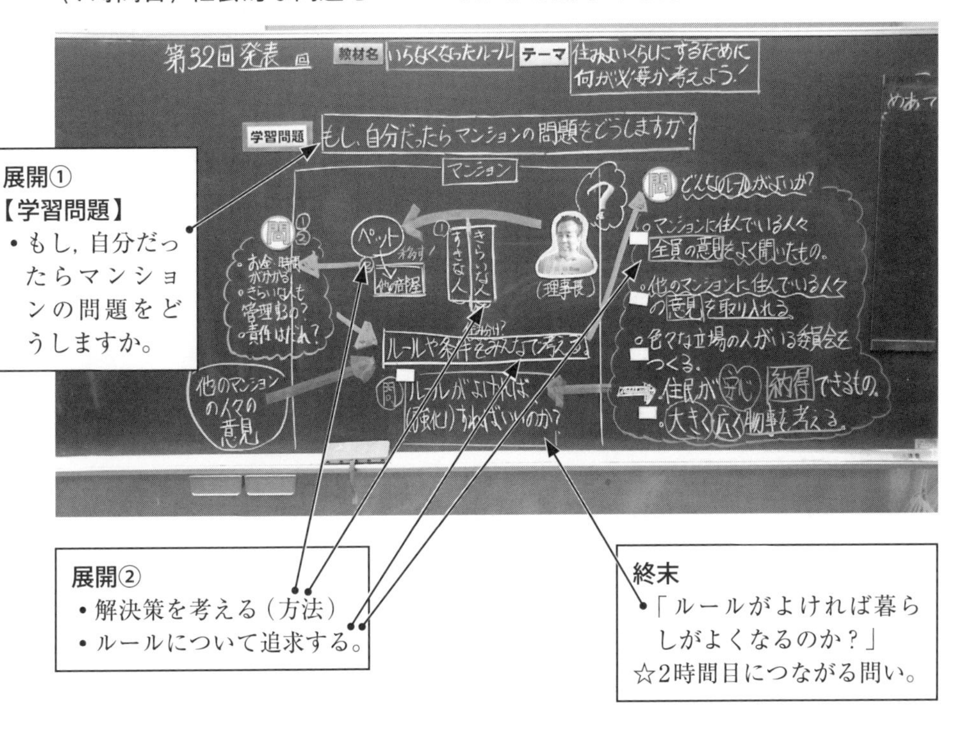

1時間目では，学習問題をもとにグループで解決策の検討を行った。子どもたちは，「マンションを犬が好きな人と嫌いな人と住み分ける」「別の部屋を作って当番制で管理する」などを考えた。しかし，どれもお金や時間や土地の問題が解決されず納得できるものではなかった。その中で，「人と人とのつながりが大切である」という意見から，「ルール」の必要性が子どもの中で重視された。そこで「ルール」のよさについて吟味することにした。

終末では，「ルールがよければ，どんな問題でも解決できるのか」という疑問を2時間目に考えることにした。

〈2時間目〉前時で学んだルールについての普遍性を考える！

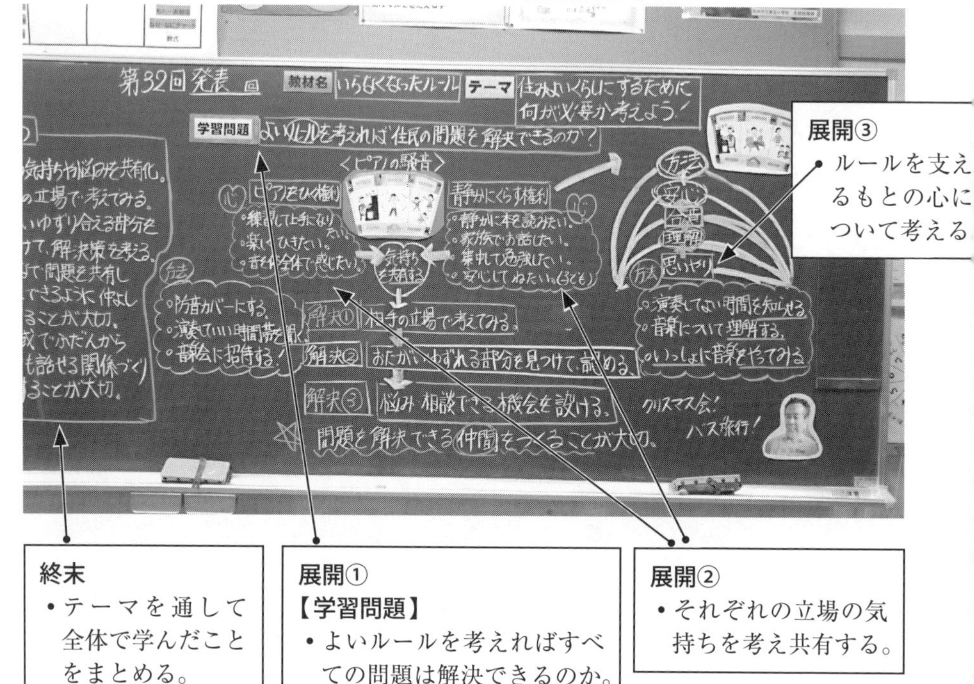

2時間目には，1時間目の最後に出された問題を学習問題として話し合った。ルールは「みんなが理解や納得や安心できるもの」という学びが，ピアノの騒音問題では「ピアノを演奏している人の安心と静かに過ごしたい人の安心は違う」「意見を取り入れると言っても……」という疑問が出てきた。

つまり，質の異なった問題によって学びの誤差が浮上してきたのである。その疑問を考察する中で「まず，互いの気持ちを知らないと理解できない」という意見から相互の立場の気持ちを共有することの大切さを考え，それをもとにルールを支えるもとの心について考えるにいたった。

また，話し合いの中で，相互の長所を積極的に認めたり，同じ体験をしたりするなど「相互承認」をしていくことが根底にあることを学んだ。さらに，相互承認を育むものがルールづくりではなく，普段からのコミュニケーションによる信頼関係づくりが大切であることも学んだのである。

7 資料

○道徳科ワークシート

ピアノの音が

なまえ

月　　日（　）

◇住みよい暮らしには何が必要でしょうか。

◇もしあなたがマンションの住人だったらどうしたらいいでしょうか。

◇ルールをしっかりつくれば騒音問題は解決できるのでしょうか。

◇今日の学習で，(1)わかったこと・見つけたこと。(2)友達の話を聞いてわかったこと。(3)これからやりたいことを書きましょう。(宿題)

◇今日の授業で・・・
①わかったこと・新しく見つけたことができた。（　○　△　×　）
②友達の意見を聞いたり，自分で考えて，いいな～・すごいな～と思った。
（　○　△　×　）
③学んだことをもとにこれからのことを考えることができた。（　○　△　×　）

道徳科 5

「人と違うから楽しい」とはどういうこと？
—外国からの転校生—

古見豪基

編者コメント グローバル化した社会ではさまざまなコミュニケーション・ギャップが生じるが，互いの国や文化を理解し合い，寛容になることで解決の糸口が見えてくる。国際理解を深めることで，より豊かな人間関係が築けることに気づくことのできる授業である。

1 子どもの実態

対象学年 高学年（5年生）

日本の公立学校では，南米出身の日系人や東アジア・東南アジアからの移民の子どもが増加し，児童生徒の多国籍化，多文化化が進んでいる。公立の小・中・高等学校に在籍する外国人児童生徒数は2015（平成27）年度，76,282人だった。10年前に比べ約6千人増えている（文部科学省 2016,「外国人児童生徒等教育の現状と課題」http://www.bunka.go.jp/seisaku/kokugo_nihongo/kyoiku/todofuken_kenshu/h28_hokokn/pdf/shisaku03.pdf）。

このように，児童生徒の多国籍化，多文化化が急速に進む一方で，外国籍の子どもに対する差別やいじめなどの問題が生じている。このような問題を解決していくために国際理解教育が大切である。高学年の時期に，自分と考え方や習慣の異なる相手と，どのような関係づくりをしていくことが大切なのだろうか。道徳の授業を通して考えていきたい。

2 授業のねらいと教材

教材名 「同級生は外国人」（東映，こころを育てる映像教材集第2巻）

内容項目 B-11 相互理解，寛容（関連内容項目　C-18 国際理解，国際親善）

本教材は，直人をはじめとするクラスの子どもとブラジル生まれの転校生ニコラスが，互いの立場や文化の違いを理解し合い，友達関係を深めていく話である。ニコラスの文化的背景を理解できたことで，文化の違いを活動に生かせば，互いの充実した生活へつながることに気づかせてくれる内容である。

3　指導上の工夫・留意点

○教材提示の工夫

①相互理解をねらいとしているので，登場人物の背景と人間関係をしっかりと把握することが大切である。まず，ストーリーの中で，ニコラスがどういう個性（長所・短所）をもっているのかを捉え，クラスのメンバーがそれぞれどのようにニコラスの個性を感じているのかを押さえていきたい。

②映像をただ最後まで流すだけではなく，登場人物の個性を一つ一つ押さえながら視聴することも大切であろう。

③自分はどの子に共感しているのか，どの立場なのかを考えるところからスタートさせる。名札を使って選択や判断を表明させ，問題意識を高めて授業に取り組ませることがポイントになる。

○問題解決的な学習としての展開方法

問題解決的な学習では，導入でいかに問題意識を高めるか，問題に見通しをもたせて，「展開」でさらに自分の考えを深めたいという「やる気」をもたせるかが大切である。そこで，「導入」ではある程度，事前にもっている子どもの価値観を共有し，問題を発見する中で問題を集団としてつくっていく必要がある。この問題が「展開」でも常に子どもの中にあり，「展開」で学んだ新しい価値観と自分の中にある価値観を比較しながら考えることもできる。また，授業で何を学んだかが明確になり，子ども自身が自己評価するうえでも大切な要素となると考えられる。

4　評価について

- 異なる立場や文化の違いを発見し，問題に取り組むことができたか。

・相互理解について多面的・多角的に考えることができたか。
・学習を通して，自己の経験に照らしながら考える中で学びの変容があったか。

5 展開例

■ 板書計画

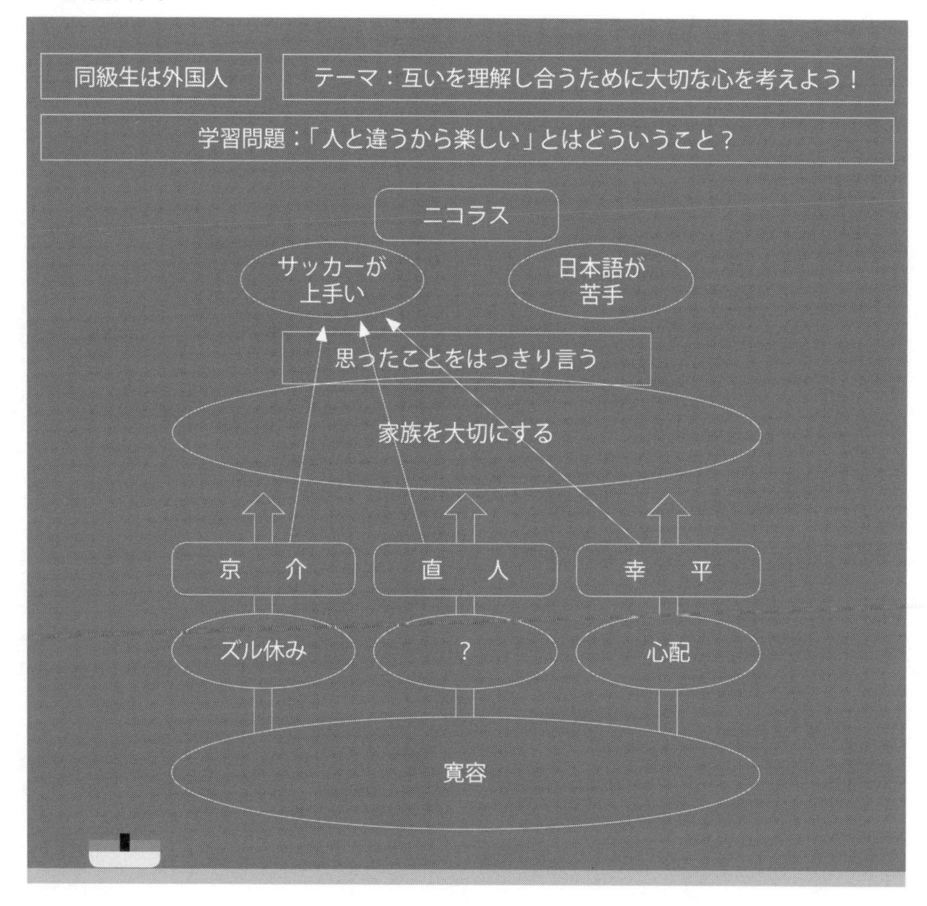

■ 指導案

(1) 本時のねらい

自分と異なる言葉や文化の相手について，理解し，互いのよさを認めながらよりよい関係を築いていこうとする態度を養う。

(2) 本時の展開

おもな学習活動	指導上の留意点・と評価☆
1．互いを理解するための方法と，心のつながりの関係を明確にしながら展開のテーマへとつなぐ。 ○互いを理解するために何が必要だろう？ • 思いやりをもつ。 • 理解するために努力する。 • 助けてあげる。	• 自分の生活を振り返り，現在の自分の問題として捉えさせ，ねらいとする価値への関心・問題意識を高める。
2．教材「同級生は外国人」を視聴して問題を発見する。 ○登場人物・あらすじ，状況などを確認する。	•「互いを理解するためにはどうしたらよいか」という問題意識をもって授業に取り組ませる。
テーマ：互いを理解するために大切な心を考えよう！	
3．教材について話し合う。 ①ニコラスの個性（長所・短所）は何でしょうか。 ②それぞれ3人はニコラスをどのように思っているでしょうか。 ③どうして3人はニコラスを理解することができたのでしょうか。それぞれの立場で考えましょう。 〈京介〉 • はじめは係活動をさぼっていることやサッカーでもパスをしないことだけを見ていたが，家族を大切にしていることを知って見方が変わった。 〈幸平〉 • はじめからニコラスのよいところを尊重していた。だから心配していたのだと思う。事情を知ってさらに心を広くもつことができたのだと思う。 〈直人〉 • はじめは半信半疑だったが，相手の悩みを聞いて理解しようとするところがすごい。	• 相手の特徴をしっかり押えることで主人公から見える行動と自分の感情の関係を捉えられるようにする。 ☆教材から問題を発見し自分の中で問いを立てて問題に取り組むことができたか。 • それぞれの立場から見えるニコラスの姿と，事情を知った後のそれぞれの気持ちを構造的に捉える。 • ニコラスを理解するうえで，それぞれの心の動きや行動面が異なるために，しっかりとそれぞれの立場で考えさせていきたい。 ☆それぞれの立場で，多面的・多角的に相互理解における心の大切さについて考えることができたか。

・いちばん理解しているので，意見の違う京介にも丁寧に説明できたのだと思う。	
学習問題：「人と違うから楽しい」とはどういうことでしょうか？	
④「人と違うから楽しい」とはどういうことですか。 ・互いのよさを理解できると，みんなでできることが増える。 ・心が広くなると相手のよさが見えてきて，相手のよさを活かそうとするようになる。 ・自分にはない新しい発見ができてたくさん学べて楽しい。	・相互理解のよさを深めるために，これからどのようなことができるのか，未来志向としての考えをもたせていきたい。
4．今日の学習を振り返り，考える。 ○今日学んだことをもとに「互いを理解するために大切な心」について書きましょう。	・「個性・相互理解・寛容」のキーワードを構造的に捉え，考えられる板書にしていきたい。 ☆学んだことをもとに，ねらいとする価値を自分の言葉で振り返ることができたか。

6 授業記録

(1) 導入：子どもたちの事前の価値の共有化を図り，問いを作る！

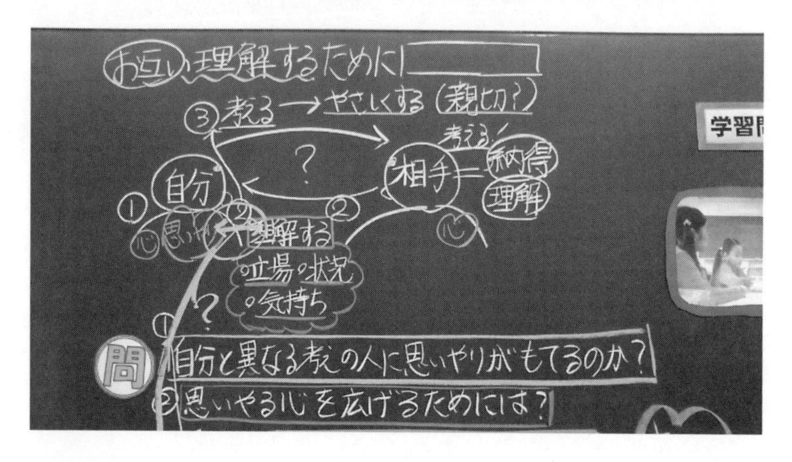

T：互いを理解するために……。
C：思いやり，やさしくする。
C：相手の気持ちを考える。
T：相手はどうですか。
C：思いやりを理解・納得することが大切です。
C：先生！　思いやりをもって相手を理解するのってどうしたらできるのかな？
C：自分の考えが違う人をわかり合えるのって難しいよね？
C：思いやりの心を広げるためにはどうしたらよいのかな？

（2）展開：社会的問題を，道徳的諸価値を通して2時間で問題を追求！

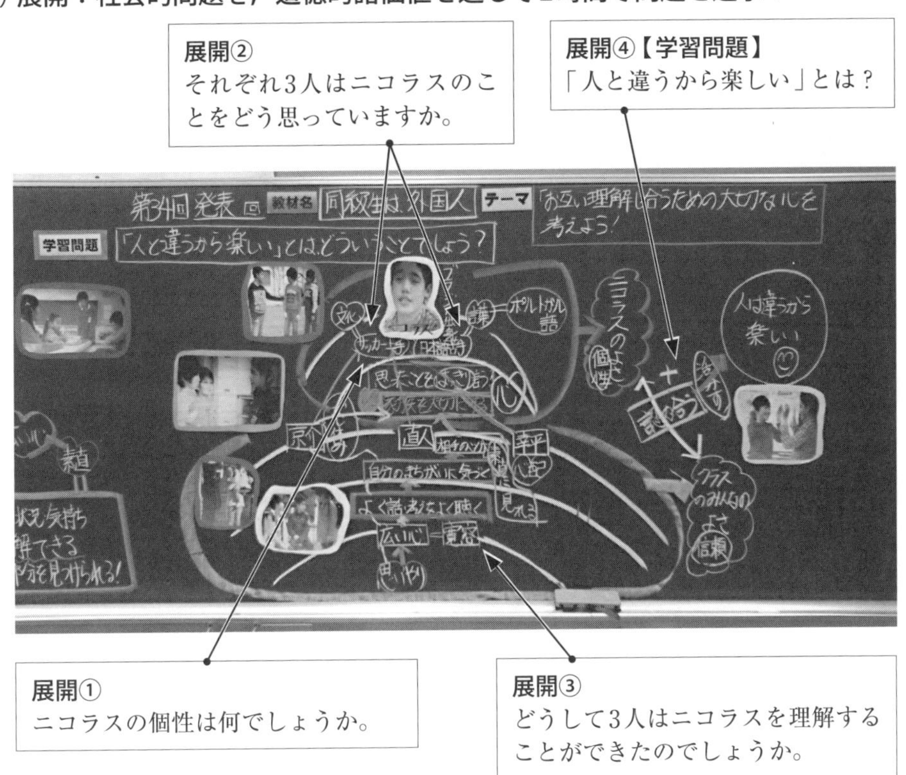
展開②
それぞれ3人はニコラスのことをどう思っていますか。
展開④【学習問題】
「人と違うから楽しい」とは？
教材名
同級生は外国人
テーマ
「お互い理解し合うための大切な心を考えよう！」
学習問題
「人と違うから楽しい」とはどういうことでしょう？
人は違うから楽しい
展開①
ニコラスの個性は何でしょうか。
展開③
どうして3人はニコラスを理解することができたのでしょうか。

〈展開①②について〉

- ニコラスの個性を捉えたときに，サッカーがうまい，日本語が苦手であると長所・短所をおさえた。はっきりものを言うことに関しては，「相手の気持ちあってのこと」だから間にあるという意見があった。この時点ではニコラスの表面的な部分で判断していることを，②の発問から子どもたちは理解することができた。

⇨

〈展開③について〉

- 「導入」で子どもたちが「どうしたら，思いやりをもって相手を理解できるのか？」という疑問に対応した発問である。子どもたちは，「よく事情を聞くことが大切だ」という意見から，相手のことを知ると「自分の過ちに気づき，素直な気持ちで相手のよいところ（ニコラスの場合は家族を人一倍大切にするよさ）をみることができる」という考えを話し合いから学ぶことができた。また，それが広い心＝寛容である（そのもとが思いやりの心である）と学ぶことができた。ここでは相互理解と思いやりを結ぶ心を構造的に捉えることが子どもたちの納得解につながったと考える。

⇦

〈展開④について〉

- ③で学んだ心の構造をもとに相互理解のよさを深めるために，活動する中で個性をどう活かしたらよいのかを考えさせた。自分たちの今後の活動の中でも活かせるように自分事として捉えさせたい。

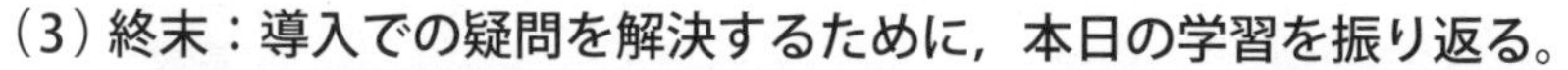

（3）終末：導入での疑問を解決するために，本日の学習を振り返る。

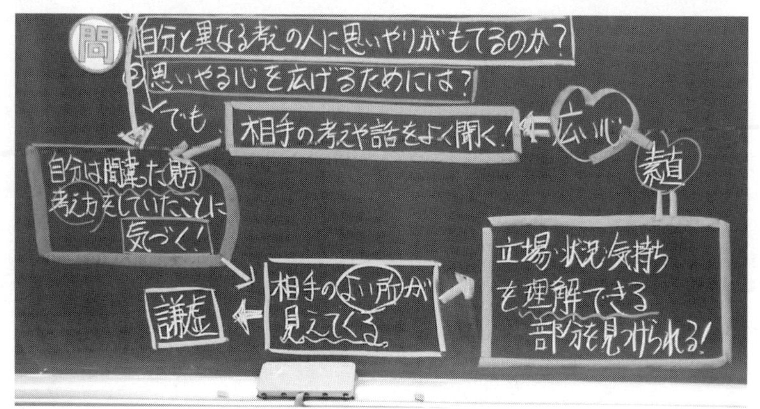

子どもたちは道徳的諸価値を通して，人間のよさを構造的に捉えたことで，自分たちの活動にも活かしていきたいという考えをもつ子が増えてきた。自分の活動範囲が広がりコミュニケーションを通して自分の能力を広げるには大事な学習である。

7 資料

○道徳科ワークシート

同級生は外国人

なまえ

月　　日(　)

◇ニコラスの個性（長所・短所）は何でしょうか。

長所　　　　短所

中間

◇どうして3人はニコラスを理解することができたのでしょうか。
それぞれの立場で考えましょう。

京介

幸平

直人

◇「人と違うから楽しい」とはどういうことでしょうか？

◇今日の学習で，(1)わかったこと・見つけたこと，(2)友達の話を聞いてわかったこと，(3)これからやりたいこと，を書きましょう。
（宿題）

◇今日の授業で・・・

①わかったこと・新しく見つけたことがあった。（○ △ ×）

②友達の意見を聞いたり、自分で考えて、いいな～・すごいな～と思った。
（○ △ ×）

③学んだことをもとにこれからのことを考えることができた。（○ △ ×）

道徳科

きまりはどこまで必要か？
―ごみのポイ捨てと公共のマナー―

幸阪創平

編者コメント 公共マナーを国際比較して考え議論できる。「きまりを守るべき」という常識的な説教ではなく，そもそも「きまりは何のためにあるか」「どこまで必要か」までを踏み込んで吟味する。きまりを考える中で，社会のあり方まで展望できるようになる。

1 子どもの実態

対象学年 高学年（5年生）

高学年は，物事を自主的に考え，行動しようとする傾向が強まるため，自律的に判断する力を育てる適齢期と考える。しかし，一方では自由の捉え違いから自分勝手な振る舞いをしてしまうこともある。約束やきまりがない中でも，自分の責任を踏まえた自律的な判断と行動が大切であることに気づかせたいと考えた。

約束やきまりを自由の対極に位置づけるのではなく，約束やきまりの意義を考えることで，自分と他者がよりよく生きていくためのものであることに気づかせることが，自律的に判断する力の育成につながると考えた。

2 授業のねらいと教材

教材名 「シンガポールの思い出」（文溪堂5年）

内容項目 C-12 規則の尊重（関連内容項目　A-1 自律，自由と責任）

きまりを厳しくし，罰金を課すことできれいな町づくりをめざすシンガポールの考え方と，人の自律的な判断と行動に重きをおいてきれいな町づくりをめざす日本の考え方に，「わたし」が葛藤する内容である。どちらの国の考え方がよいかという議論ではなく，それぞれの考え方の根拠になっている内容について議論することを通して，自律的に判断する力を育てたいと考えた。

シンガポールでは，ごみのポイ捨てをすると初犯で最高1000ドル，再犯だと最高2000ドル＋清掃作業などの罰則が課される（シンガポール観光.com https://ryokoukankou.com/singapore/basic-penalty.html）。強制的，権威的なイメージの強い行為であるが，罰金を課す背景を想像することにより，罰金という法の意義についても捉える視点をもたせたいと考えた。

3 指導上の工夫・留意点

○学習テーマに子どもたちの思考をつなげる工夫

導入では，「もし，自分が住むなら，きまりがたくさんあるＡ村ときまりがないＢ村のどちらを選ぶか？」と発問して，葛藤場面を意図的につくり，議論の中で生まれてくる子どもの問いを学習テーマと結びつける。

○子ども同士の対話を生み出す工夫

展開では，中心発問で「あなたは，『わたし』と丹野さんの考え方のどちらに賛成か」と投げかけ，スケール上にネームプレートを貼らせる。子ども一人一人の考えを明らかにして，立ち位置をクラスで共有する。自分や仲間のネームプレートの位置を比べながら，互いの共通点や相違点に関心を向けさせることで，子ども同士の対話を生み出すことがねらいである。

4 評価について

- 「わたし」と丹野さんの考え方に基づいて，自分の考えをもつことができたか。
- 学習テーマ「きまりはどこまで必要か」について，自分の考えをもつことができたか。

5 展開例

■ 板書計画

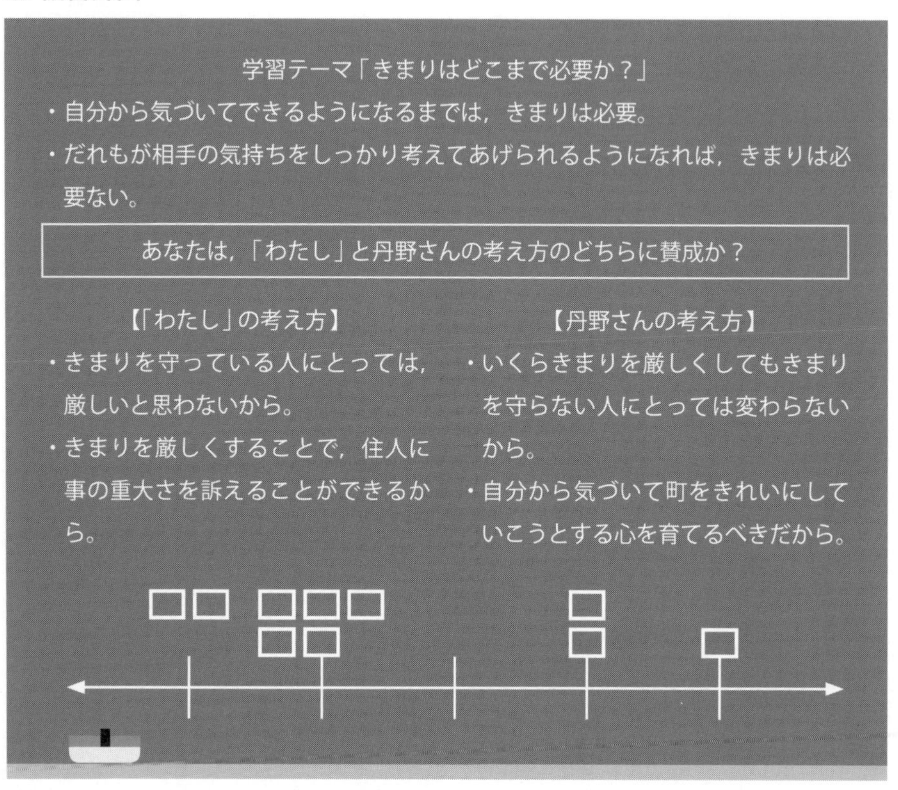

■ 指導案

おもな学習活動	指導上の留意点
1．学習テーマをつくる。 ○もし，自分が住むなら，きまりがたくさんあるA村ときまりがないB村のどちらを選ぶか。 ・自由に生活できるならA村。 ・安全に暮らすならB村。	・だれのためのどんなきまりが必要なのか，あるいは，きまりは何のためにあるのかを考えながら，問題意識を高めたうえで，学習テーマを提示する。（ワークシート）

学習テーマ：きまりはどこまで必要か？

2．教材「シンガポールの思い出」を読んで話し合う。 ○「わたし」が気になったことはどんなことか。 ・日本とシンガポールの考え方の違い。 ・町をきれいにするために，きまりを厳しくするのがよいのか，マナーを向上させていくのがよいのか。	・スケール上にネームプレートを貼らせ，子ども一人一人の考えの立ち位置をクラスで共有する。 ・どちらかの立場に偏ってしまう場合を考え，問い返しを準備する。
あなたは，「わたし」と丹野さんの考え方のどちらに賛成か？	
【「わたし」の立場】 ・きまりを守っている人にとっては，厳しいと思わないから。 ・きまりを厳しくすることで，住人に事の重大さを訴えることができるから。	【「わたし」の立場に偏った場合】 ・きまりが多いと息苦しいと思わないのか。 ・みんなにとって必要なきまりなのか。
【丹野さんの立場】 ・いくらきまりを厳しくしてもきまりを守らない人にとっては変わらないから。 ・自分から気づいて町をきれいにしていこうとする心を育てるべきだから。	【丹野さんの立場に偏った場合】 ・町は本当にきれいになるのだろうか。 ・きまりさえ守れない人には大丈夫なのか。
3．学習テーマについて考える。 ○きまりはどこまで必要か。 ・きまりを守れない人が，きまりの意味を理解できるまでは必要。 ・自分から気づいてできるようになるまでは，きまりは必要。 ・だれもが相手の気持ちをしっかり考えてあげられるようになれば，きまりは必要ない。	・学習テーマについて改めて問うことで，子どもに導入と終末の考えの変容を意識させるようにする。（ワークシート）

6　授業記録

○自分の視点からきまりの意義について考える。

導入で「もし，自分が住むなら，きまりがたくさんあるA村ときまりがないB村のどちらを選ぶか？」と問いかけた。子どもたちの多くが，きまりがないB村を選んだ。「きまりに縛られたくないから」「自由な時間がたくさんほしいから」というのが主な意見である。

すると，C子が「自由すぎると，好き勝手に行動する人が増えてしまうから，ある程度のきまりは必要だと思う」と発言した。「ある程度とはどういうことか？」と問い返したが，C子は悩んでいた。クラスの仲間も首をかしげていた。

そこで，このタイミングで，学習テーマ「きまりはどこまで必要か？」を提示し，少しの時間隣同士で考えさせた後，意見を求めた。すると「だれと一緒に住むかによって必要性は変わってくる」「どんな目的をもつかによっても変わってくる」という発言があった。

○互いの共通点や相違点に関心をもち，対話を生み出す。

展開では，教材『シンガポールの思い出』を読み聞かせ，「登場人物『わたし』が気になったことはどんなことか？」とたずねた。すると，「日本とシンガポールの考え方の違いが気になった」「日本は人のマナーとかモラルで町をきれいにしようと考えているけど，シンガポールはきまりを増やしてきれいにしようと考えていて，どちらがよいのか迷っている」という意見が出された。マナーやモラルという抽象的な言葉が出てきたので，言葉の意味について，一般的な解釈を説明した。

その後，「自分だったら『わたし』と丹野さんの考え方のどちらに賛成するか？」と中心発問を投げかけた。導入でA村とB村の話で考えたときとは違い，自分の考えを出すまでにだいぶ悩んでいる様子だった。「わたし」の心の内を考えたことで，マナー・モラルの問題を意識した子どもが増えたように感じた。自分の考えがまとまった子どもから，黒板の前に出てきて，スケール上にネームプレートを貼っていった。結果，おおよそ7対3の割合で「わたし」の立場が多い結果となった。しかし，極端に分かれたというよりは，スケール上の中央に近いところで分かれている配置だった。このようにネームプレートで一人一人の考えを可視化させたことで，子どもたちの迷っている様子を捉えることができた。

そこで，「みんなネームプレートが中央に寄っていて迷っているようだけど，そのあたりの考えも付け加えて自分の立場を発表してくれないか？」と問いかけると，D男とE男がすかさず手をあげた。D男は丹野さんの立場，E男は「わたし」の立場である。

まず，D男は「僕は，きまりばかり増えても守ろうという気持ちがなければ結局守らない人は守らないと思うから，まずは心を変えていくことを大切にするべきだと思う」と発言した。それに対してE男は「僕も最初はそう思ったけれど，どうしたらきまりを守れない人の心を変えられるのか，その方法が思いつかない。だから罰金は仕方ないのではないのか」と答えた。

続いて，導入で「ある程度のきまりは必要」と発言したC子が改めて手をあげた。そして，「さっき『ある程度』と言ったのは，きまりを守れない人に対してのきまりは必要だということ。一緒に暮らしていくためにはやっぱり必要」と主張した。C子の発言の中の「一緒に暮らしていくために」という言葉は，きまりの意義を考えるうえで鍵になると思った。

そこで，「一緒に暮らすうえで大切にすべきこととは何だろう？」と問うと，「互いの安全」「互いの健康」「互いの家族や友達」という意見が出された。

このように，きまりが，自分や身の回りの人々の安全や健康に関係していることを確認することができた。

この後の子どもの議論では，かたくなに「わたし」の立場をとるF男を中心に，マナーやモラルはどうやったら意識することができるのかが話題になるなど，学習テーマの内容が発展していく様子がうかがえた。

○多角的な視点からきまりの意義について考える。

終末では，改めて学習テーマに立ち返り，本時のまとめを行った。導入では自分の視点からきまりの意義について考えていた子どもが，終末では自分や他者の視点から考える記述があるなど，ものの見方が多角的に広がった変容を見とることができた。

聞こえないものを聞こうとする，見えないものを見ようとする
―自分は差別にどう向き合っていくか―

幸阪創平

編者コメント 社会的な偏見や差別に，教材「あん」を使って真正面から取り組んだ授業である。「だれにでも思いやりをもち，差別しない」という一般認識で終わらず，「本当の幸せとは何か」「どうすれば公正・公平な社会をつくれるか」に迫って議論している。

1 子どもの実態

対象学年 高学年（6年生）

国語科授業「未来がよりよくあるために」をきっかけに，差別のない世の中を実現するためにはどうしたらよいのか，子どもが調べてきた「ハンセン病差別」をもとにクラス全体で学習を始めた。特に，東京に住んでいるのに国立療養所多磨（たま）全生園の存在を知らなかったことへの驚きや，長きにわたる偏見や差別の歴史へのショックは大きなものがあった。そして，図書の時間に司書教諭から紹介してもらった『あん』（ドリアン助川・著，ポプラ文庫）への思い入れが強くなった。

2 授業のねらいと教材

教材名 「あん」（監督：河瀨直美，原作：ドリアン助川，PONYCANYON）

内容項目 D-22 よりよく生きる喜び（関連内容項目　C-13 公正，公平，社会正義）

よりよく生きる喜びとは，言いかえるならば幸福を追求する原動力であると考える。人はだれしも自分のみならず相手の幸せも願い，その実現に向けて生きようとすることで，自分自身の生きる価値を見いだしていくのではないだろうか。ただし，人は同時に，損得勘定，誘惑，偏見，差別から生まれる虚栄心を併せもつ動物である。幸福の追求過程で，虚栄心によって引き起こされる良心の呵責を受けとめ，それを乗り越えていこうとするための誇りや自他への愛情，差別や偏見を許さない公正，公平な見方を獲得していくことが大切であると考える。

よって，本時のねらいを以下のように設定した。「『あん』の登場人物『千太郎』や『徳江』の幸せについて考えることを通して，公正，公平なものの見方について理解させ，人が人として生きる権利を自他ともに大切にしていこうとする心情を育てる」である。

3　指導上の工夫・留意点

「自分は差別にどう向き合っていくか」を大テーマに，教科，領域の融合を図ったカリキュラムをデザインした。

【「大テーマ」と各教科内容との関連図】

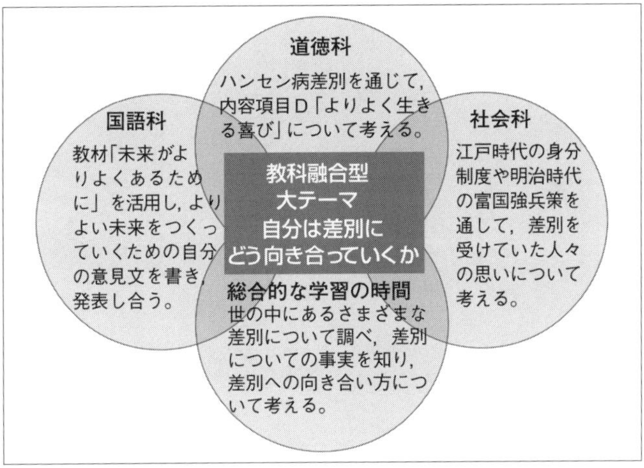

道徳科
ハンセン病差別を通じて，内容項目Ｄ「よりよく生きる喜び」について考える。

国語科
教材「未来がよりよくあるために」を活用し，よりよい未来をつくっていくための自分の意見文を書き，発表し合う。

社会科
江戸時代の身分制度や明治時代の富国強兵策を通して，差別を受けていた人々の思いについて考える。

教科融合型
大テーマ
自分は差別に
どう向き合っていくか

総合的な学習の時間
世の中にあるさまざまな差別について調べ，差別についての事実を知り，差別への向き合い方について考える。

○教材の概要

どら焼き屋「どら春」で働く千太郎は，ある日，「どら春」を訪れた徳江に，ここで働きたいと言われた。一度徳江の申し出を断った千太郎だったが，徳江の作ったあんの味が忘れられず，徳江を採用することを決めた。

その後，「どら春」は繁盛する一方，地域周辺で徳江が元ハンセン病患者であるという噂が広がった。千太郎は，「どら春」に訳あって雇われの身となっている自分の将来を考えたり，徳江と地域住民との関わりを考えたりする中で，やむなく徳江に，「どら春」を辞めてもらうことを告げた。

徳江がいなくなった後，千太郎は自分自身の決断が本当によかったのか葛藤する。そして，徳江との再会を望んだ千太郎は，「天生園」で生活を送っていた徳江のもとへ向かった。

4 評価について

- 自分にとっての「幸せ」とはどんなことか考えることができたか。
- 千太郎のどんな思いが，「幸せ」を変えたのか考えることができたか。

5 展開例

■ 板書計画

学習テーマ「自分にとっての『幸せ』とは何か？」

・普段当たり前に生活できること。

・自分が人を差別せず，人から差別されないこと。

千太郎のどんな思いが，「幸せ」を変えたのか？

徳江さんに出会う前の千太郎の幸せ

・「どら春」で働くこと。

・お客さんがどら焼きを食べてくれること。

天生園で再会して涙を流す2人

【徳江さんの涙】

・悔しさ。

・感謝の気持ち。

【千太郎の涙】

・申し訳なさ。

・自分への後悔。

→ 天生園の桜の木の下でどら焼きを売る千太郎の幸せ

・徳江さんに見守られながら，どら焼きを売ること。

・徳江さんに恩返しすること。

■ 指導案

<table>
<tr><th>おもな学習活動</th><th>指導上の留意点</th></tr>
<tr><td>1．テーマに対する考えを共有する。</td><td></td></tr>
<tr><td colspan="2">学習テーマ：自分にとっての「幸せ」とは何か？</td></tr>
<tr><td>2．教材「あん」を視聴し，話し合う。
○徳江さんに出会う前の千太郎にとっての幸せとは何か。
・「どら春」で働くこと。
・客がどら焼きを食べてくれること。
○天生園の桜の木の下でどら焼きを売る千太郎にとっての幸せとは何か。
・徳江さんに見守られながら，どら焼きを売ること。
・徳江さんに恩返しすること。</td><td>・事前にアンケート調査を行い児童の考えを把握しておく。
・事前に教材は，視聴を済ませ，児童の心に残った内容や場面を把握しておく。
・千太郎が徳江さんに出会う前と後の幸せについて比較することで，違いに目を向けさせ，学習問題を提示する。</td></tr>
<tr><td colspan="2">学習問題：千太郎のどんな思いが，「幸せ」を変えたのか？</td></tr>
<tr><td>○再会した2人の涙の意味は何か。
【徳江さんの涙】
・悔しさ。
・感謝の気持ち。
【千太郎の涙】
・申し訳なさ。
・自分への後悔。
○どんな思いが，千太郎の幸せを変えたか。
・人を差別する自分への後悔。
・徳江さんへの愛情や感謝。</td><td>・千太郎の幸せに変化があった内容や場面を児童と共に考えながら「千太郎と徳江さんが天生園で再会して互いに涙する場面」を中心に話し合う。
・状況によっては，「千太郎と徳江さんが天生園で再会して互いに涙する場面（約2分）」の映像を流すのもよい。</td></tr>
<tr><td>3．学習を通して，学んだことや大切だと思ったことについて共有する。
○改めて，自分にとっての「幸せ」とは何か。
・普段当たり前に生活できること。
・自分が人を差別せず，人から差別されないこと。
・どうすれば公正，公平な社会をつくっていけるのか。</td><td>・導入で提示したアンケート調査の内容と比較して，児童の考えの変容について交流させるようにする。</td></tr>
</table>

6 授業記録

○「幸せ」について多面的視点から考える。

導入では，まず，事前にとったアンケート「自分にとっての『幸せ』とは何か？」の回答結果を伝えた。「健康であること」「お金があること」「家族や友達が存在すること」など，「幸せ」を多くの視点から捉える児童の記述が多かった。

教材『あん』についての学習感想では，「千太郎にとっての『幸せ』はどら焼きが売れることなのだろうか？」「どうして，千太郎は天生園でどら焼きを売ろうと思ったのか？」「徳江さんの生きる意味とは何だろうか？」など，児童の疑問を中心に取り上げた。そして，特に児童の心に残った場面「千太郎が天生園でどら焼きを売る場面」から千太郎の「幸せ」について考えていくことを児童と確認し合った。

○千太郎の生き方を通して「幸せのあり方」について考える。

展開では，天生園の桜の木の下でどら焼きを売る千太郎の「幸せ」と，徳江さんに出会う前の千太郎の「幸せ」を比較した。徳江さんに出会う前の千太郎の「幸せ」について，「どら焼きを作ること」「働くこと」などの意見が出された。中には，「そもそも徳江さんに出会う前の千太郎は『幸せ』ではなかった」と発言する児童もいた。

天生園の桜の木の下でどら焼きを売る千太郎の「幸せ」については，「徳江さんに恩返しをすること」「ありがたみを感じながらどら焼きを売ること」「徳江さんに見守られてどら焼きを売ること」などの意見が出された。

黒板の左右に板書したこれらの「幸せ」を児童に比較させ，気づいたことを発言させた。児童からは，「左側の『幸せ』は暗いけれど，右側の『幸せ』は明るい」「左側の『幸せ』は小さいけれど，右側の『幸せ』は大きい」「左側の『幸せ』は質が低いけれど，右側の『幸せ』は質が高い」など，「幸せ」の違いを明るさ，形，質の視点から捉える姿が見受けられた。

その後，学習問題「千太郎のどんな思いが，『幸せ』を変えたのか？」を提示するとともに，学習問題を解決するために，「どんな場面を中心に考えればよいのか？」とたずねた。事前の学習感想で，この問題にふれていたA子は，「天生園で，千太郎と徳江さんが再会して，涙を流す場面から2人の本当の気持ちがわかるかもしれない」と発言した。

そこで，この場面を改めて視聴した後，児童に2人の涙の意味をたずねた。千太郎の涙について，「徳江さんに対する申し訳なさ」「自分に対する後悔」「自分に対する憎しみ」などの意見が出された。いっぽう，徳江さんの涙について，「ハンセン病差別に対する悔しさや悲しさ」「だれにも思いをぶつけられない悔しさ」「千太郎に対する申し訳なさや感謝」などの意見が出された。

その後，学習問題「千太郎のどんな思いが，『幸せ』を変えたのか？」について問いかけると，「どら焼きが『ただのお菓子』から『恩返し』として思えたこと」「どら焼きのあんを心を込めて作ろうと思えたこと」「徳江さんをかけがえのない存在だと思えたこと」「徳江さんの苦労を理解することができたこと」などの発言が出た。

○自分にとっての「幸せ」について感知する。

展開の後半では学習テーマに立ち返り，「自分にとっての『幸せ』について新しく気づくことはあったか」とたずねると，「いまの自分が幸せであることに気づいた」「一人一人が普通に暮らせることが幸せだと思った」「普段生活できること自体が幸せだと思えた」など，事前のアンケート調査結果にはない視点を得ることができた。

終末における児童の学習感想の一部を以下に紹介する。

「徳江さんのハンセン病で抱えている苦労を千太郎が知ったことで，千太郎は，一つ一つのどら焼きを徳江さんへの恩返しとして受けとめていたことに，みんなの意見を聞いて気づきました。(……中略……) 千太郎の幸せは，感謝と努力してきた一つ一つのことだと思いました。だから，僕も自分の幸せを大切にしながら，努力してきたものを自分とほかの人の幸せとして生きていきたいです」

「私は，この映画を見て，いまの自分が普通に生活していることがとても幸せなんだと思いました。(……中略……) 千太郎も私と同じように自分が普通に生活できていることがとても幸せだということを実感し，それまでの『幸せ』が，温かい気持ちの混ざった『新しい幸せ』に変わったのだと思いました」

道徳科

貸した本のトラブル
―法教育の視点から―

小笠原淳

編者コメント　借りた漫画を破損してしまった場合（破損された場合），どうすればよいかを考える授業で，法教育的な意味合いもある。加害者と被害者と傍観者の立場で役割演技し，互いの諸事情も勘案しながら問題解決する構成になっている。

1　子どもの実態

対象学年　中学年（4年生）

学校現場において，思い込みやすれ違いから児童たちに人間関係のトラブルが生じることは少なくない。トラブルが起こると，教師は指導をして解決を図ろうとするが，多くは教師の裁量に委ねられ，指導というより説教に近い形で解決が図られることも多い。そのため，その場のトラブルは解決するが，児童にどのような力がついたのかに疑問が残るときがある。

また，トラブルを起こした当事者たちに，そのときの心情や言動を問うような形で指導を進めることが有効な場合もあるが，時間がかかったり，当事者同士の力関係によって，双方が納得して解決ができなかったりするときもある。

2　授業のねらいと教材

教材名　「漫画の貸し借り」（法務省法教育推進協議会「ルールは誰のもの？～みんなで考える法教育～」）

内容項目　B-11 相互理解，寛容（関連内容項目　C-11 規則の尊重）

本実践では，「漫画の貸し借り」にまつわる問題場面を取り上げた。自分が貸した漫画の本が友達から返ってきたときに，表紙が破れていたことにカッとなり，相手を突き飛ばしてしまうという場面である。

自分たちで解決を図り，双方が納得した形で解決できるようにするために，中立的な第三者が介入して，「問題場面の当事者が仲直りできるように，互いがうまく言えないことを聞き出して，みんなで解決を図るにはどうしたらよいだろう」という課題を設定し，問題解決を試みた。

このように児童にとって身近であると感じられる問題場面を解決することを通して，「調停する力」を育むことをねらった。「調停する力」とは，答えが一つではない現実的な社会的・道徳的な問題に対して，中立的な第三者の立場で取り組み，当事者同士が主体的・協働的に解決できるよう支援する資質・能力のことである。

対象となる道徳的諸価値として，「相互理解，寛容」が中心と考えられるが，「公正，公平」「友情」「勇気」などの価値との対立や関連も予想される。

3　指導上の工夫・留意点

当事者間で起きた問題を把握し，その原因を分析し，それを全員で解決できるように支援する。児童自身が問題解決のためにどのような情報が必要かに気づき，どのように解決をしていけばよいかという方法を身につける必要があると考え，役割演技（ロールプレイ）の手法を取り入れた。第三者の視点で語らせることで，生活の中の問題解決で活用できるように構成した。

4　評価について

「今回の場面をどのように解決すればよいでしょうか」と問いかけ，問題解決の仕方を記述させる。そこから，相手のことを理解し，自分と異なる意見を大切にすることができたかを見とっていく。また，授業の導入時と終末時に同じ質問をすることで，事前と事後の考えの変容を比較できるようにする。

5 展開例

■ 板書計画

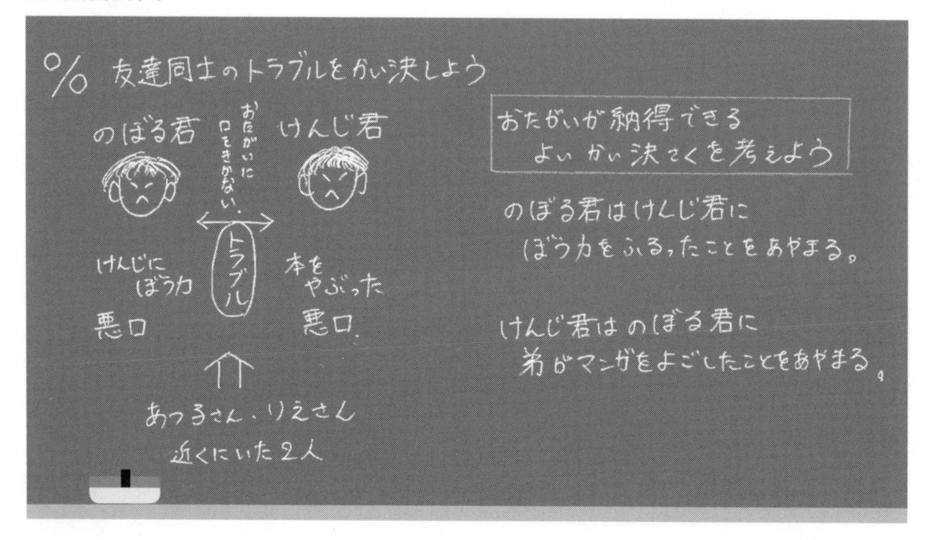

■ 指導案

おもな学習活動	指導上の留意点・と評価☆
1.「日常生活の中では，友達との関わりの中でたくさんのトラブルが起きますね。そのようなとき，どうしていますか」と児童に問う。	・トラブルの解決は難しいことを確認し，「どうしたらトラブルをうまく解決できるかを考えていきましょう」と本時のねらいを児童に語る。
2.教師による範読を行う。	・問題の場面絵をプロジェクターで映し，状況を理解しやすいようにする。
3.ワークシートを配布し，「自分だったらこの場面をどのように解決するか」を記述する。	
4.問題場面を整理する。 「ここでは何が問題なのか」 「何と何がぶつかっているのか」	

5．4人でのロールプレイによる話し合いを行う。 • 当事者役（2人）調停者役（2人）の役割を決める。 • 調停者役，当事者役の順番に，それぞれの役だけを廊下に呼び，配役カードを渡す。同時に，役の設定を説明する。 • 調停者役の児童は，解決策を考えるために必要な質問を当事者役の児童にする。 • 当事者役の児童は，聞かれたことだけ答えるようにし，配役カードに書かれている以上のことは答えないようにする。 • 質問が終わったら，調停者役の児童は，この問題場面を解決するのに望ましい方法を相談し合って考える。 • 調停者役の児童は，解決方法を当事者役の児童に伝える。当事者役の児童はその解決方法で納得できたかどうかを理由とともに伝える。	• 自分たちの立場を理解して，その立場になりきって，仲直りできる解決策を考えた話し合いができるよう雰囲気の設定に心がける。 • 学習者の理解状況によっては，全体で，模擬形式で確認する。 • 解決方法を考えるにあたっては，例えば謝罪については具体的にどのようなことについて謝るのか，物の引き渡しの場合にはいつまでに引き渡すかなど，できるだけ具体的に考えるように促す。
6．解決方法の交流をする。	• 当事者だけではうまく解決できなかったら，だれかに入ってもらうと話し合いがしやすいことについて確かめる。
7．本時の学習の振り返りをする。 「今回の場面をどのように解決すればよいでしょうか」 「今日の授業で，わかったことや考えたことを書きましょう」	☆相手のことを理解し，自分と異なる意見を大切にすることができたか。（ワークシートの記述）

6 授業記録

授業の導入と終末にワークシートへ記述した「今回の場面をどのように解決すればよいだろうか」の欄に書かれている内容を比較することで，児童の考え方にどのように変容が見られたのか，いくつか紹介する。

(1) A児の記述

導入	まず，けんじさんがうそをついていなければよかったと思う。あつこさんやりえさんがお母さんやお父さん（先生）に事情を言う。
終末	あつこさんとりえさんが二人の状況を知ってからまとめる。

A児は，導入時では，双方の言い分を聞かずに，片方（この場合はけんじさん）に原因があると決めつけている。また，大人の力を借りて解決しようと考えていることがわかる。本実践を通して，終末では，「第三者（調停者）が解決の手助けをすること」「状況を聞き出すこと」の二点が問題解決の糸口になると理解できたことがわかる。

(2) B児の記述

導入	けんじさんとのぼるさんがどちらとも納得すれば，解決すると思う。
終末	だれかが間に入って，聞いてもらって，解決すればスムーズにいく。

B児は，「どちらとも納得すれば」という，問題解決の本質は理解しているが，どのようにすればよいかという方法が書かれていない。本実践を通して，「第三者が間に入ること」「第三者に聞いてもらうこと」が問題解決のために必要な方法であることが理解できたようである。

(3) C児の記述

導入	互いに許し合って，あつこさんとりえさんが見ていたならば，あつこさんとりえさんが注意したらよいと思います。

終末	あつこさんとりえさんが二人（のぼるさんとけんじさん）の間に入って，解決策を考えてもらって，納得するようなことを考える。

Ｃ児の導入時の文章を読むと，第三者が何かすればよいということには気づいたが，その内容が「注意する」というだけで，当事者たちの困りごとに共感したり，納得して解決に向かわせたりする要素が足りていないことがわかる。本実践を通して，「第三者が間に入ること」「第三者が解決の手助けをすること」「当事者が納得するように解決すること」が問題解決に必要であることが理解できたことが終末時の文章から読み取ることができる。

これ以外の児童の記述を見ても，本時の授業を通して，「第三者による問題の解決」の効果を感じる児童が多くいたことがわかった。

また，授業の終末に「授業を通してわかったことや思ったことを書きましょう」と記述を求めたところ，ある児童は次のように記した。

> ２人で解決しようとすると全然解決できないけれど，調停者の２人が入ることで，解決が簡単になって，早く解決し，仲直りできるようになりました。その調停者が大事ということがわかりました。

このように第三者が入ることで解決が容易になることを実感できた児童が何人かいた。また，別の児童は次のように書いている。

> 自分のこれからの生活で生かしていくことは，だれか見ている人がいれば，その人が仲介者となり一緒に解決方法を考える。

このように今後の自分の生き方に反映させようとする児童の意欲を示す記述も見られた。このことからも，児童の意識の変容がみられたことが確認できる。

7 資料

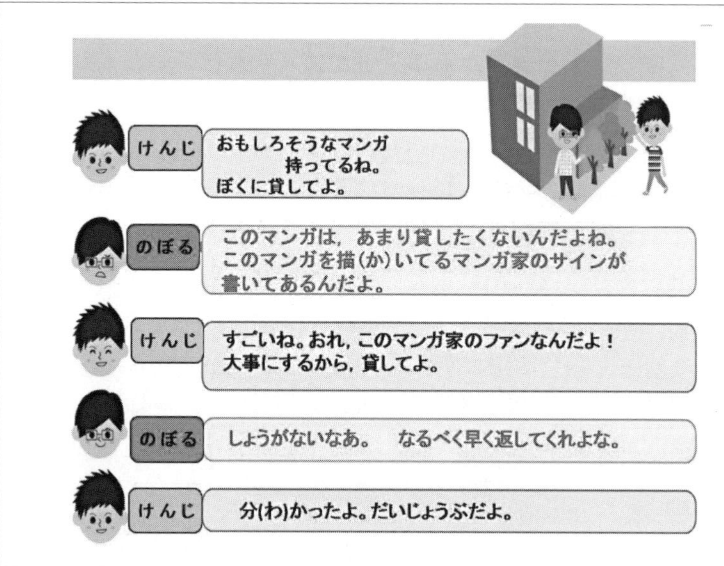

けんじ
おもしろそうなマンガ
持ってるね。
ぼくに貸してよ。
のぼる
このマンガは，あまり貸したくないんだよね。
このマンガを描(か)いてるマンガ家のサインが
書いてあるんだよ。
けんじ
すごいね。おれ，このマンガ家のファンなんだよ！
大事にするから，貸してよ。
のぼる
しょうがないなあ。　なるべく早く返してくれよな。
けんじ
分(わ)かったよ。だいじょうぶだよ。

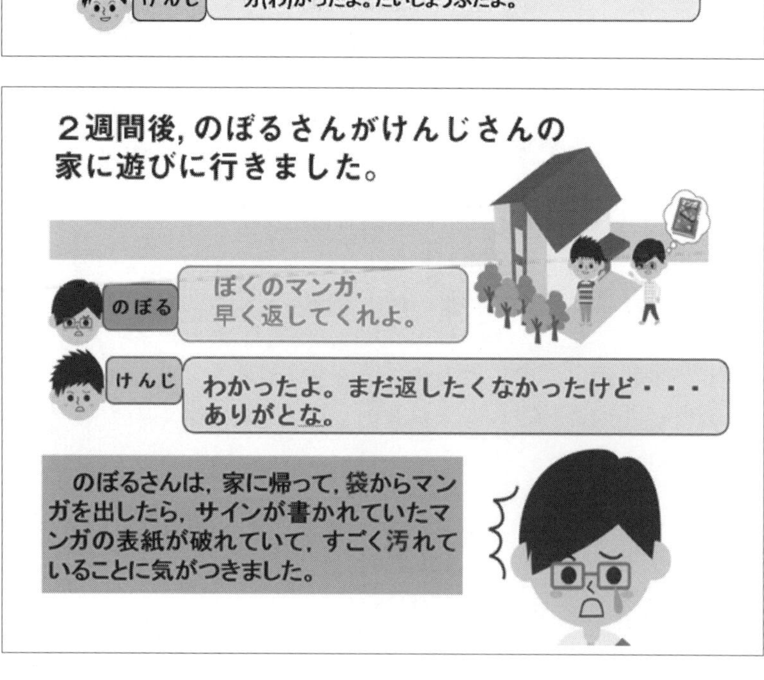

２週間後，のぼるさんがけんじさんの
家に遊びに行きました。
のぼる
ぼくのマンガ，
早く返してくれよ。
けんじ
わかったよ。まだ返したくなかったけど・・・
ありがとな。
のぼるさんは，家に帰って，袋からマンガを出したら，サインが書かれていたマンガの表紙が破れていて，すごく汚れていることに気がつきました。

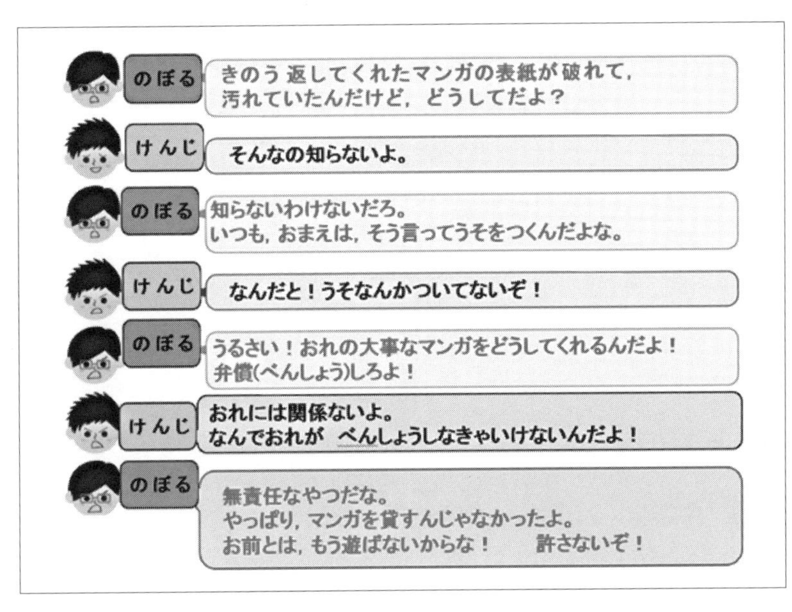

法務省法教育推進協議会（http://www.moj.go.jp/housei/shihouseido/housei10_00036.html）より一部改変

道徳科 9

生かされていることに感謝する
―給食の食べ残し―

竹井秀文

編者コメント 「給食の食べ残しをどうするか」という食育を兼ねた道徳授業である。飽食の時代だからこそ，ただ完食をめざすのではなく，自分を支えてくれる食物の生命や，生産・供給者とのつながりに気づき，感謝の念をもてるように構成している。

1 子どもの実態

対象学年 中学年（3年生）

子どもたちを取り巻く食生活は，とても豊かである。いっぽうで，全国の小中学生による給食の食べ残しは，1人当たり年間7キログラムにもなる（環境省2013，https://www.env.jp/press/100941.html）。わが国が抱える食品残渣量の問題の一端を垣間見ることができる。

このような問題は，食育などの教育活動でも考えることができるが，その原動力となる感謝の心を，道徳科において学ばせたい。

子どもたちは，普段から給食を残さないで食べることを意識している。その意識は，「もったいない」という感情による。今回は，そのような意識をベースに，どうすれば「食べ残し」をなくすことができるのかという解決策について自分事として考えていく。

2 授業のねらいと教材

教材名 「おいしいきゅう食」（教育出版『はばたこう明日へ』3年生）

内容項目 B-8 感謝（関連内容項目　D-18 生命の尊さ）

あたりまえのようにとっている食事について，自分の周りには，自分を支えてくれている人たちがいることを知り，その人たちに感謝をしていこうとすることが，本実践のねらいである。教材『おいしいきゅう食』では，給食の食材の一つである小松菜の生産者・宇佐美さんの話から感謝を感じ取ることができる。また，教材文の末尾にある「『ありがとう』がつまっています」という文章から，自分たちの食を支えてくれる人たちの存在に目を向け，尊敬と感謝の心を抱くことができる。

給食という窓口から，自分の周りにいる多くの人たちのおかげで食生活が支えられていることについて，さまざまな視点から深く考えさせたい。自分を支えてくれる人たちに感謝と尊敬の念をもって，自分自身の食生活を改善しようとする力を育みたい。

3 指導上の工夫・留意点

導入では，給食は残さないで食べることの重要性を考え，「食べ残し」についての問題意識を，一人一人にもたせる。

展開では，教材『おいしいきゅう食』を読み，その解決方法を話し合う。そして，食べ残しをなくすための解決策を一人一人に考えさせる。

終末では，当たり前のように食べている給食が，多くの生き物の命や，多くの人たちによって，つくられていることを改めて確認し，自分が支えられていることを発見する。そのようにつくられる給食のありがたさを実感し，その思いが積み重なり感謝する心が醸成される。感謝への心の動き，姿への継承が「ありがとう」という感謝の言葉となることを理解させたい。

4 評価について

- 給食には自分を支えてくれる生き物の命や，人たちがいて，その人たちによって自分が支えられていることについてさまざまな視点から深く考え，感謝の心をもつ意味を考えることができたか。（ワークシートの記述）
- 自分を支えてくれる生き物の命，人たちに感謝と尊敬の念をもって，生きていこうとすることができたか。（授業後の行動や発言）

5 展開例

■ 指導案

おもな学習活動	指導上の留意点・と評価☆
1．給食について考える。 ・食事をできるだけ残さないという意識を確認する。 ・給食の食べ残し現状を知り，一人一人の問題とする。	・給食を食べ残すことについて考える。 ・食べ残しはよくないことなのに，食べ残しがある問題を，自分事の問いにさせる。
2．教材『おいしいきゅう食』を読み，解決策について考えさせる。	・給食は，多くの人が関わってつくられており，食べ残さないためにいろいろな視点から考えさせる。
3．食べ残しの問題を主体的に解決させる。 ・自分だったらどのように食べ残しを解決するか考えさせる。	・食べ残しを解決する作戦を考え，議論させる。 ☆議論する姿から，問題に対する解決策を多面的・多角的に考えることができたか。
4．それぞれの解決策を比較する「感謝」について理解を考え，深める。 ・食べ残しを解決するために必要な心と姿について考えをまとめさせる。	・食べ残しをなくすさまざまな作戦を比較して考えさせることで，感謝することの大切さについて考える。
5．本時学んだことを今後の自分の生き方にどうつなげるか考えさせる。 ・感謝についての自分の考えをまとめて，これからの食生活への改善へつなげていくようにする。 ・食生活への改善が，わが国が抱える食品残渣量の問題を解決できることを示唆する。	・食べ残しのない食生活をどのようにつくっていくか考えを深め，道徳的な実践につなげる。 ☆発言や記述から，道徳的価値の理解（自分の周りには自分を支えてくれる人がいて，その人たちによって支えられていることについてさまざまな視点から深く考え，感謝と尊敬の心をもつ意味を考える）が深まっているか。

6 授業記録

T：みんな，給食は残す？　残さない？
C：残さない!!
T：どうして？
C：かわいそうだから。
T：でも，食べ残しはあるよね。
C：ある。どうしたら食べ残しがなくなるのかな。
T：そうだね。ところでどれくらい食べ残しがあるか知っていますか。
C：わからない。
T：全国の小中学生が1年間に残す量は，1人当たり茶わん何杯でしょう。
C：5杯…。んー。わからない。
T：およそ70杯です。
C：え～。それは多い。減らしたいな。
C：70杯を0杯にしたい。
T：そうだよね。減らすために，どのようなことを大切にすればよいか考えましょう。
－『おいしいきゅう食』を読む－
T：どうすれば，食べ残しを減らせそうですか？
C：食べられる分だけをよそう。
C：いのちのことを考える。
C：ありがとうという気持ちが大切。
C：育ててくれている人，つくってくれる人のことを思う。
T：いろいろな意見が出ましたね。では，自分だったらどうしますか。どんな作戦で「食べ残し0」にしますか。（書いてみましょう）
C：ぼくは，「みんなでありがとう大作戦」がいいと思います。
T：それは，どんな作戦ですか。
C：まず，つくってくれている人のことを知ります。次に，その人たちへありがとうという気持ちをもちます。そして，給食では，むりに食べずにうまくコントロールします。最後に，嫌いなものも工夫して食べるようにして，食べ残しを0にします。

C：私は，「めざせ，食べ残し0大作戦」がよいと思います。
まず，食べられる分だけよそいます。次に，気持ちを込めておいしく食べます。そして，つくっているすべての人にありがとうの気持ちを伝えようとすれば，食べ残しは0になると思います。

T：みんなの作戦を成功させるためには，どんなことが大切だろうね。

C：「ありがとう」の気持ちだと思う。

T：その気持ちは，どこからくるのかな。

C：食べ物のすべてのいのちだと思う。

C：そのいのちをいただくから，ぼくたちは生きている。

C：じゃあ，生きているんじゃなくて，生かされているんだよ。

C：そうだよ。生かされているから，ありがたく給食を食べないとね。

C：多くのいのちに支えられて，生かされて「ありがとう」なんだよね。

C：これから給食は「ありがとう」を忘れないで食べよう。

7 資料

○ワークシート

道徳プリント

3年1組　名前

1．きゅう食は，のこしてもいい？

はい　・　いいえ

2．それはどうしてですか？

3．1年間で　のこっている　きゅう食は，

ごはんちゃわん　□　ばい　ぶん

4．それについて　どうおもいますか？

5．『おいしいきゅう食』を読んで，きがついたことを　みつけましょう。

6．どうすれば　へらせるか　自ぶんの　かんがえを　かいてみましょう。

7．このような問だいは，どんな心があれば　クリアできると思いますか？

8．食べることについて　これから　なにを大せつに生きていきますか？

と思いながら，生きていきたい！！

○子どもの書いたワークシートの例

道徳プリント

3年1組　名前

1　きゅう食は、のこしてもいい？

はい　・　（いいえ）

2　それはどうしてですか？

ごはんをがんばってつくってくれたのに、自分ががんばってつくったのがすてられたらいやな気もちになるから。

3　1年間で　のこっている　きゅう食は、

ごはんちゃわん　70　ばい　ぶん

4　それについて　どうおもいますか？

のこしすぎだと思う。

5　『おいしいきゅう食』を読んで、きがついたことを　みつけましょう。

(1)たべれないぶんはへらして、食べられるぶんは、しっかりと食べる。
(心)いのちのことも考えて食べる。
(心)「ありがとう」という気もちで食べる。
(心)そだててくれている人を思う。

6　どうすれば　へらせるか　自ぶんの　かんがえを　かいてみましょう。

のこさないようにする大作せん

まずおこめがのこったらおにぎりみたいにまるめてみんなにどんどんたべてもらうようにしてつぎに、きらいなものは「おいしい」と思ってがんばって食べる。
そしたら0になる。

7　このような問だいは、どんな心があれば　クリアできると思いますか？

「ありがとう」の気もちがあればクリアできる。

8　食べることについて　これから　なにを大せつに生きていきますか？

のこさないようにがんばって食べる。いのちをもらってるものは、しっかり「ありがとう」という気もちをこめて食べる。

と思いながら、生きていきたい！！

道徳科 10

ネットトラブルをなくそう
―情報モラルの問題―

竹井秀文

編者コメント 高度情報化社会で，インターネットにどう向き合えばよいかを考えている。メールや通信アプリは気軽で便利だが，扱い方しだいでいじめを誘発することもある。情報を享受しつつ責任ある行動をとるためには何が必要かを議論する。

1 子どもの実態

対象学年 高学年（5・6年生）

高学年になれば，インターネットの掲示板や携帯電話のメールによるネットトラブルは身近な社会問題となる。情報社会における正しい判断力や利用に関する望ましい態度を育てることが，とても重要である。

本実践は，情報社会で適正な活動を行うためのもとになる考え方と態度（情報モラル）を養うためのものである。社会正義について話し合うが，正義という言葉を学ぶのではなく，正義ある姿やそれを支える心について，構造的に理解させる必要がある。だからこそ，ネットトラブルなどの予防策について時間をとってじっくりと話し合うべきである。そして，自分の考えをしっかりとまとめることで，ネットトラブルの問題を解決できる心と力を育みたい。

2 授業のねらいと教材

教材名 「みんなに合わせる友情」（NHKココロ部）

内容項目 C-13 公正，公平，社会正義（関連内容項目　A-1 善悪の判断，自律，自由と責任）

ネットトラブルは，インターネットの掲示板や携帯電話のメールやスマートフォンの無料通信アプリなどの中で，一人一人の尊い個別性が無視され，差別や偏見やいじめが具体的な行為となって表れたものである。それは，人として許されない行為であるが，あまりにも手軽に行われ，横行している。

ネットトラブルの原因である差別や偏見をなくすには，正しいことがいつでもどこでもだれにでもできるようになることに気づかせ，正義の実現について考えさせたい。本授業では，ココロ部「みんなに合わせる友情」（NHKの映像教材）を見て，ネットトラブルの原因を考え，それをなくすにはどうしたらよいかを考える中で，情報モラルを身につけられるようにしたい。

3　指導上の工夫・留意点

導入では，「ネットトラブルは，どうすればなくなるのか」という問題について，主体的に考えさせることが重要である。映像教材を見て，問題点を明らかにし，どうすれば予防できるのかを主体的に考えるという学びの流れを作りたい。

展開では，自分もこのクラスの一員として，どのような方法でトラブルを防止するのか考えさせる。また，ネットトラブルを本気で防止しようとする気持ちに共感し，どうしてそう思ったのかの根拠について話し合う。

終末では，考えたことを自分の生き方へつなげることが重要である。すべての防止策に共通する心構えを話し合い，情報モラルの大切さについて自分なりの考えをまとめ，よりよい生き方へとつなげたい。

4　評価について

- ネットトラブルは，差別や偏見が具体的な行為となって表れたものであり，人として許されない行為であることに気づき，それぞれの立場で考え，ネットトラブルを防止する方策を考えることができたか。
- ネットトラブルの原因である差別や偏見をなくすにはどうしたらよいかを考えることを通して，情報社会における正しい判断力を高め，望ましい姿で生活していこうとすることができたか。

5 展開例

■ 板書計画

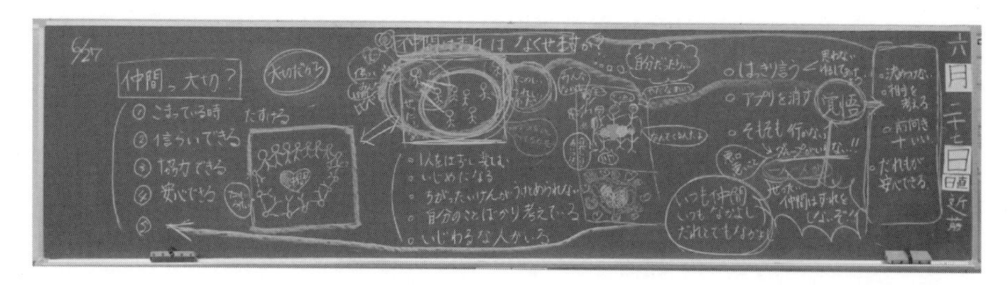

■ 指導案

おもな学習活動	指導上の留意点・と評価☆
1．ネットトラブルについて考える。 •ネットトラブルについて，自分の考えを発表させる。 •ネットトラブルが，なくならないのはなぜかという問いをもたせる。	•どうしてネットトラブルがなくならないのかという問題を，自分事の問いにさせる。
2．映像教材「みんなに合わせる友情」を見て，解決策について考えさせる。	•自分がこのクラスの一員コジマくんだったら，どうするか考えさせる。
3．ネットトラブルの問題を主体的に解決させる。 •仲間はずれをする側とされる側，傍観者のそれぞれを多面的・多角的に考えさせ，解決策を模索させる。	•ネットトラブルを解決する方策を考え，議論させる。 ☆議論する姿から，問題に対する解決策を多面的・多角的に考えることができたか。
4．それぞれの解決策を比較して，どの解決策にも共通する大切な心について考え，理解を深める。 •ネットトラブルを解決するために必要な心と姿について考えをまとめさせる。	•ネットトラブルをなくすさまざまな解決策を比較して考えさせることで，正しいことが，だれに対しても，いつでもどこでも行われるところに，正義が生まれることを構造的に理解する。
5．本時で学んだことを今後の自分の生き方にどうつなげるか考えさせる。 •ネットトラブルを防ぐために必要な心についての自分の考えをまとめて，これからの生き方へつなげていくよ	•ネットトラブルのない社会をどのようにつくっていくか考えを深め，道徳的な実践につなげる。 ☆発言や記述から，道徳的価値の理解（公正，公平，社会正義とは何か，自

うにする。 ・学校生活における正義の実現が，ネットトラブルのないよりよい集団や社会の形成につながることを示唆する。	分の考えをまとめ，ネットトラブルのない社会の実現のために必要な心について理解）が深まっているか。 ・自分の考えをしっかりとまとめることで，ネットトラブルのない社会を実現する正義ある姿へと結びつける意欲を高める。

6 授業記録

Ｔ：みんなにとってインターネットやメールの情報は大切ですか？
Ｃ：大切!!
Ｔ：どうしてでしょうか？
Ｃ：便利だから。
Ｃ：ネットとかでいろいろなことがわかるから。
Ｃ：ラインとか，いつでも友達と話せるし，便利。
Ｔ：本当に便利です。でも，ネットトラブルという言葉を知っていますか。
Ｃ：聞いたことある。
Ｃ：ネットで，いやなことを言われたり，仲間はずれにされたり。
Ｃ：顔が見えないから，とても怖い。
Ｔ：そうですよね。では，どうしてネットトラブルが起きるのでしょうか。
Ｃ：パソコンや携帯電話でやりとりをするから。
Ｃ：顔が見えないから。
Ｃ：相手のことが見えないから，ついつい言いたいこと言っちゃう。
Ｃ：自分の気持ちが高ぶって，なんでも言っていいと思ってしまう。
Ｃ：ついつい調子のって言いすぎちゃう。
Ｔ：どうすればネットトラブルは，なくせますか？
　テレビをみて考えましょう。
　－ココロ部『みんなに合わせる友情』を見る－
Ｔ：自分がコジマだったら，どうしますか。
Ｃ：間違っていることは，はっきり言う。
Ｃ：でも，そんなことをしたら，自分が仲間はずれにあう。

C：それでも，アプリを消す。
T：本当に大丈夫？　怖くない？
C：正しく使いたいという覚悟があれば大丈夫。
C：そもそも仲間はずれをするようなグループでは遊びに行かない。
C：悪口を言ったり，悪いことをしたりするようなグループはいらない。
C：そんなの仲間じゃない。ネットでのつながりだけでは怖い。
C：無料通話アプリは，便利すぎて，逆に怖い。
C：無料通話アプリは，便利だけど，仲間はずれを起こすような道具になるなら使わない。親に返す。
C：だれも信じられなくなる。とても怖いから使わないほうがよい。
C：でも，携帯がないと不便なことが多い。
C：携帯でもインターネットでも，よい使い方をしていきたい。
T：では，ネットトラブルはどうすれば，なくせそうですか。
C：だれもが安心して，メールやインターネットを使えるようすればネットトラブルはなくせると思う。
C：一人一人が正しく（携帯電話やパソコンを）使うことが大切。
C：みんなが正しく使えば，なくせるし，安心できる。
C：いろいろな人がいるけど，ネットの情報だけで決めつけない。
C：相手のことを，きちんと考えることが大切だと思う。
C：顔が見えないからこそ，言葉を選んで，メールすればよいと思う。
C：そうすれば，いつも安心して使えるし，正しい言葉で話せる。
C：伝えるべきことは，メールなどに頼らず，ちゃんと会って話せば，なくなると思う。
C：正しい情報を信じられる人になって，冷静になればなくなると思う。
C：携帯電話（ネット）の怖さを知って，正しく使う覚悟をもちたい。
C：一人一人が絶対にネットトラブルしないぞ，させないぞという覚悟があればよいと思う。
C：相手がどう思うかなどを想像して，正しく使う人になりたい。
C：便利な道具を利用して，友達は絶対傷つけたくないという思いがあれば必ずなくせると思う。
C：きちんと正しい心をもって，携帯電話など使っていきたい。

Ｃ：ネットトラブルが起きないように，日ごろからいろいろな人と直接会話をして，よりよい関係をつくっておけば大丈夫だと思う。

7 資料

○ワークシート

道徳プリント

年　組　名前

１．ネットやメールなど情報は，大切ですか？

はい　・　いいえ

２．それはどうしてですか？

３．ネットトラブルは，よいことですか？

よいこと　・　だめなこと

４．それはどうしてですか？

５．ネットトラブルは，なぜおきるのでしょうか。

６．自分が　コジマくんだったら，どうしますか？

７．なぜ，そうしたのですか？

８．どうすれば，ネットトラブルは　なくなるでしょうか？

９．これから　どのようなことに気をつけて　生活したいですか。
携帯電話やインターネットなどで気をつけたいことがあれば書いてください。

持続可能なエネルギーをめざして
―原発の立地に関する問題―

岡島佑樹

編者コメント 原子力発電所の是非は政治的・時事的な問題でもあるが，これを供給者，地元住民，消費者などの多様な立場から公正，公平に考えている。持続可能な社会をどう築くか，安全と利便性，代替エネルギーの可能性も含めて，総合的に議論している。

1 子どもの実態

対象学年 中学3年生

中学生になると，生徒は時事問題に少しずつ興味・関心をもつようになり，新聞やテレビやインターネットなどでさまざまな情報を得るようになる。しかし，自分が得た情報を批判的に見ることができず，鵜呑みにしてしまうという実態もある。

東日本大震災による原発事故に関しても，事故があったという事実はすべての生徒が知っている。そして「危険だから」と批判的な見解を示しているが，どこまでが本当に自分で考えた結果かはわからない。「本当に危険なのか」「なぜ原発が用いられるのか」などと，自ら調べて判断している生徒はほとんどいない。

日本国内の原子力発電炉は運転中39基，建設中3基，建設準備中6基，廃止が21基となっている（2018年7月10日現在）。設置場所は北海道・東北・中部・近畿・中国・四国・九州と全国に及び，海に面する場所が選ばれている（JAIF 一般社団法人 日本原子力産業協会 http://www.jaif.or.jp/data/japan-data）。

本授業は，原発の立地に関する問題を生徒が多面的・多角的な視点から検討し，持続可能なエネルギーについて考えることができるように設定した。

2 授業のねらいと教材

教材名　「よりよい未来をつくるために」（自作教材）
内容項目　C-11 公正，公平，社会正義（関連内容項目　D-19 生命の尊さ）

原発の立地を考える際に，「供給者」「都市住民（消費者）」「自治体・地元住民（原発設置）」の立場があると考えている。本教材では，これらの多様な立場の人々を設定することで，命を守りたい住民，生活（経済）を重視する住民，発電コストを抑えたい供給者など，さまざまな価値の対立や利害関係が浮かび上がってくるように工夫した。

また，原発付近に住む住民の視点（安全性）に限定して原発問題を捉えていると，そこにある世代内倫理や，世代間倫理について気づくことができない。本授業は，複数の立場に立って考えることで，世代内倫理および世代間倫理の視点についても盛り込めるようにした。

○世代間倫理（世代間公正）について
「現代世代には，未来世代の生存権を保障する責任がある」という倫理のこと。例えば，現代世代の豊かで便利な生活のために，森林資源，化石燃料，食糧などを使い果たしてしまっては，未来世代の生存権を保障することができない。
○世代内倫理（世代内公正）について
「同世代の間で環境問題の不公平が生じないようにする」という倫理のこと。例えば，先進国と発展途上国の資源消費の割合には大きな差があり，平等とは言えない。
〈参考文献〉

- 加藤尚武『環境と倫理―自然と人間の共生を求めて』新版，有斐閣，2005年。
- 日本環境教育学会『環境教育辞典』教育出版，2013年。
- 吉村進『環境大辞典』日刊工業新聞社，2003年。

この授業で世代内の公平，世代間の公平について気づき，原発問題を自分事としてとらえるようになることで，持続可能な社会の担い手としての資質・能力を養うことにつながると考えている。

3 指導上の工夫・留意点

○指導上の工夫

①教師の発問を通して，世代内倫理の視点や，世代間倫理の視点に気づかせるのは簡単ではあるが，それでは生徒の主体的に考えようとする意欲を失

わせてしまう。そこで，生徒が仲間との対話の中でその視点に気づくことができるように，対話の時間を十分に確保した。

②原発問題に賛成か反対かだけで終わる授業では，生涯にわたって持続可能な社会のあり方を考えていこうとする態度を養うことができないと考えた。自分は持続可能な社会の担い手であるという自覚をすべての生徒がもつためには，「自分はどのようにかかわっていけるだろうか」「今後の社会においてはどのエネルギーが適しているのだろうか」など，エネルギー問題を自分との関わりの中で考えることが必要であり，クローズエンドの授業を構築した。この学習を生かして，社会科や理科，総合的な学習の時間などと連携して指導を続けていくと，さらに学習が深まるだろう。

○指導上の留意点

原発の問題に関して多面的・多角的な視点から考えることのできるようにした。また，持続可能な社会の担い手としての資質・能力を養うために，中立的な立場から問題解決へと考えられるように心がけた。

4 評価について

- 仲間との対話を通して，原発の問題について多面的・多角的に考えることができたか。（ワークシート・発言）
- 原発の問題に対して，自分がどのように関われるかを考えることができたか。（ワークシート・発言）

5 展開例

■ 板書計画

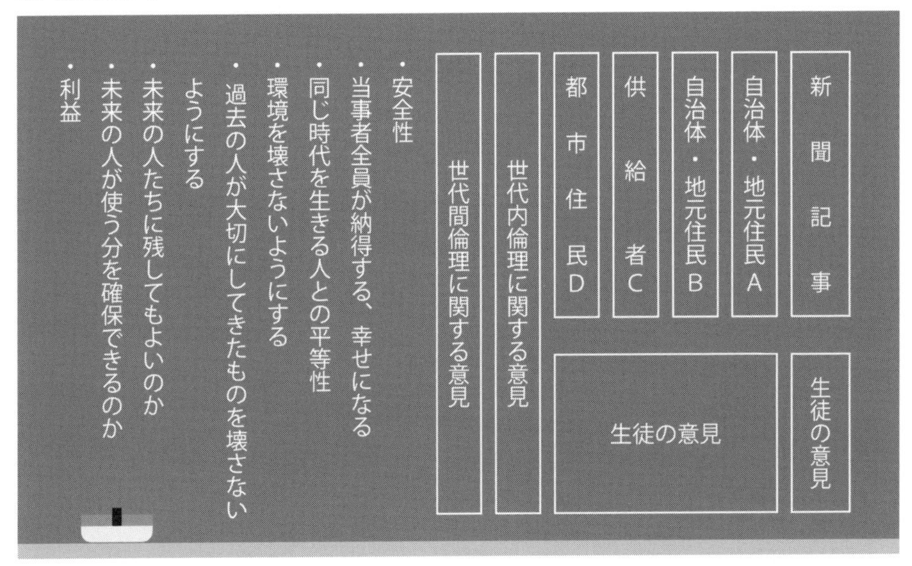

■ 指導案

おもな学習活動	指導上の留意点・と評価☆
1．原発に関する新聞記事を提示し，原発についてどのようなイメージをもっているかを話し合う。 〈生徒の意見〉 • 危険だから原発には反対である。 • 安全だといわれていたが，安全とはいえなくなった。	• 生徒が自分の意見を安心して述べることができるようにする。
2．教材を読み，自治体・地元住民A，B，供給者C，都市住民Dのどの意見に一番共感するかを話し合う。 〈生徒の意見〉 自治体・地元住民 A • 命は一番大切だから。	• 仲間の意見を否定することなく聞き，自分の考えと比べたり，深めたりするように促す。

自治体・地元住民 B ・安全とはいえないが，何百年に1回あるかないかのことなので，自分なら仕事を優先する。 供給者C ・会社の利益を考えるのであれば，供給者としては原発に頼りたいだろうな。	
3．対話の中で生まれた生徒の発言を取り上げ，世代内の公平性について考える。 〈生徒の意見〉 ・都市住民 Dは，原発に対して他人事であり，不平等だと思う。 ・原発の近くに住む人たちは，事故に対する不安もある中，地元への愛や家族の生活のために一生懸命頑張っている。同じ原発によるエネルギーを使っているのにおかしい。	・「安全面」からみると，世代内の不公平が生じていることに気づくことができるようにする。
4．対話の中で生まれた生徒の発言を取り上げ，全員で世代間倫理について考える。 〈生徒の意見〉 ・自分たちのことだけでなく，自分の子どもや孫の世代のことまでも考える必要があるかもしれない。	・将来の世代のことも踏まえ，エネルギーの在り方を考えることが必要であることを理解できるようにする。
5．原発の問題に対して自分はどのように関われるかを考える。 ・まずは興味・関心をもって調べることから始めたい。 ・どのエネルギーがよいかを考えていきたい。 ・ほかにどのようなエネルギーがあるのかを調べたい。	☆原発の問題に対して，自分がどのように関われるかを考えることができたか。（ワークシート・発言）

6．持続可能な社会にするためにどのようなエネルギーを選択すればよいのかを考える。そして，どのような視点で考えたのかを明らかにする。 〈生徒の意見〉 ・バイオマス発電・太陽光発電など ・安全性 ・当事者全員が納得し，幸せになる ・同じ時代を生きる人との平等性 ・環境を壊さないようにする ・過去の人たちが大切にしてきたものを壊さないようにする ・未来の人たちに残してもよいのか ・未来の人が使う分を確保できるのか ・利益	・代替エネルギーを考えることが目的になるのではなく，なぜそのエネルギーを選んだのか，どのような視点で選んだのかを明らかにし，持続可能な社会を構築するために大切にしなければならない視点を共有することができるように促す。 ☆仲間との対話を通して，原発の立地について多面的・多角的に考えることができたか。（ワークシート・発言）

6　授業記録

○原発の問題を自分事として捉える

本授業を行う前までは，原発の問題に対して他人事であったり，一面的な視点から批判をしたりする生徒が多くいた。しかし本授業を通して，ほとんどの生徒が，原発の問題を自分事として捉えることができ，また多面的・多角的な視点から原発の問題を見ることができるようなった。例として数名の生徒の学びの様子を以下に述べる。

・生徒Ｅ：原発に関する新聞記事を示したときに，「原発は絶対に危ないから反対」と述べていた。また教材においても，「命より大切なものはない」と自治体・地元住民Ａの意見に共感し，「安全性」の視点だけで原発の問題を捉えていた。その後，仲間との議論により，「原発は近くの住人だけでなく，多くの人が関わっているのだ」と自治体・地元住民Ｂ，供給者Ｃ，都市住民Ｄの考えや葛藤もそれぞれ理解するようになった。そのうえで，世代内の公平性に対しても考えを深め，持続可能な社会を構築するためにはどうすればよいのだろうかと主体的に考えていた。終末においては，持続可能なエネルギーにするために，「安全性」「世代内倫理」「世代間倫理」の視点を大切にして考えることができるようになった。また，「これからはだれかに任せるのではなく，自分もよりよい未来を築くためにやれることを見つけたい」と持続可能な社会の担い手としての自覚を深めていた。

- 生徒Ｆ：新聞記事を示した際に，「自分はあまり関心がない」と原発の問題に対して他人事であった。しだいに，仲間との対話を通して，「原発の近くに住む人たちは，事故に対する不安もある中，地元への愛や家族の生活のために一生懸命頑張っている。同じ原発によるエネルギーを使っているのにおかしい。不平等である」と世代内倫理の視点に気づき，「自分も原発の問題に対して関心がなかったが，これからは知ることから始めたい」と自分を見つめ直し，自分には何ができるかを考えるようになった。さらに，持続可能なエネルギーを考える際には，当事者全員が幸せになるエネルギーを用いる必要があると述べていた。ここでは，当事者＝現代世代の人というように捉えていたが，生徒Ｅなどの意見を聞く中で，世代間倫理の視点も大切であることに気づき，「当事者とは現在生存する人だけでなく，過去の世代の人や未来の人のことも含まれ，過去の世代が大切にしてきた環境を破壊してまでエネルギーを求めるのはおかしいし，未来の世代が処理などで困るようなことがあってはいけない」と述べ，授業前と授業後では大きな変容があった。
- 生徒Ｇ：教材を読み，自治体・地元住民Ｂに強く共感を示しており，「安全とは言えないが，何百年に1回あるかないかのことなので，自分だったら仕事を優先する」と述べていた。その後，世代内倫理や世代間倫理の話し合いを続けていくうちに，自分のことだけでなく，未来世代のことも真剣に考える必要があるというように考えが変わっていった。「未来世代はまだ生まれていないために声を上げることができない。だから自分たちには未来の人が生きるための責任がある」と，世代間倫理の視点からエネルギーの問題を考えるようになった。

○まとめ

生徒がどこか他人事であったり，一面的な見方からしか原発の問題を捉えることができないというような実態がある場合，本実践のように多面的・多角的に考えることのできる授業を構築していくことが有効であると感じた。

さまざまな論者が，これまでの原発に関する教育は，安全神話を植えつけるものであったと述べている。今後の学校教育においては，メリットもデメリットも公平に扱い，生徒が偏った見方にならないようにする必要があると考える。そのために，このような倫理に関わる問題を道徳科の授業で扱い，生徒同士で議論し，自分はどう生きるべきかを考えていく活動が重要である。

7 資料

○ワークシート

原発問題について考えよう

年　組　名前

○自治体・地元住民，供給者，都市住民による「今後の原発」に関する会議が行われました。そこでの各立場の意見を見てみましょう。

〈自治体・地元住民 A〉
私は原発のある場所から徒歩○分の場所に住んでいる。事故が起きたら被爆するかもしれない。不安だから廃止してほしい

〈自治体・地元住民 B〉
私は働き口がなかった。しかし，原発があるおかげで働く場所がある。原発がなくなってしまうと生活することができなくなってしまう

〈供給者 C〉
発電コストが安いので原発に頼りたい。また発電時に温室効果ガスを排出しないので環境にも優しい

〈都市住民 D〉
原発のおかげで電力を安定して供給することができるし，事故に対する不安はないから原発には賛成する

このように4つの立場があり，原発の立地の問題はなかなか解決しません。どうすればよいのでしょうか。

◇どの意見に共感する？

理由

◇原発の問題に対して自分はどのように関わることができるだろうか。

◇どのようなエネルギーを選択するべきなのか。

理由

島の自然も伝統も未来も守ろう
―リゾート開発の問題―

藤井健太郎・岡島佑樹

編者コメント 過疎化した島にリゾート開発を認めるか，持続可能な社会をどう築くかを考えている。自分たちが住む町と島を関連づけることで，生徒が当事者意識をもち，自然保護や伝統継承と産業開発の対立を議論し，実行可能な解決策を探究している。

1 子どもの実態

対象学年 中学３年生

関ケ原町今須地区は，滋賀県との県境に位置し，かつては中山道の宿場町として栄えた。林業が盛んで，“今須杉”はブランド材として有名である。特色ある地域だが，若者の流出や高齢化による林業，伝統文化の担い手不足などさまざまな問題に直面している。

このような地域社会の存続を脅かす問題に関しては，専門家でさえも答えを出すのが容易でなく，生涯にわたって市民一人一人が考え続け，他者と協働して問題解決を考えていかなければならない。

これから大きな社会へ出て行く生徒に，持続可能な社会のあり方や今須地区の未来を考えることのできる力を養うことは重要だと考え，授業を設定した。

2 授業のねらいと教材

教材名 「私たちの島の未来は」（自作資料）

内容項目 C-16 郷土の伝統と文化の尊重，郷土を愛する態度／D-20 自然愛護／C-11 公正，公平，社会正義

若者の流出や高齢化などさまざまな問題を抱える島に，リゾートホテル建設の話がもち上がる。これにより，島は賛成派と反対派で二分する。賛成派

の意見としては経済が潤い，島の活性化につながること。反対派の意見としては，先祖が残した憲章に島の誇りでもある自然環境を守ることが書かれており，リゾートホテルの建設によって先祖が大切にしてきた自然環境が汚れることを危惧している。このような問題が生じた島において，もし自分が最終決定権のある区長だったらどうするかを考える。

本教材は架空の事例だが，持続可能な社会の構築について考えるものである。持続可能な社会に関しては，自然愛護だけでなく，伝統文化の尊重や，未来の世代（過去の世代）との公平性など，さまざまな価値が混在または対立している。本教材でもそのような価値を扱い，生徒が持続可能な社会のあり方を主体的に考えることができるように開発した。

3　指導上の工夫・留意点

○授業展開について

「環境面や経済面，過去の世代の視点など多面的・多角的な視点から島の未来を考え，次世代のことまで考えて選択・行動することの大切さを理解し，持続可能な社会のあり方を考える態度を養うこと」をねらいとしている。

授業においては，まず自分が区長だったらどうするかを判断する。その後，リゾートホテルを建設するか建設しないかという二項対立ではなく，第三の解決策はないかという問いを立て，議論する。授業を通して生徒は，現在の世代だけでなく，過去や未来の世代との公平性までも考え，判断する必要があること，いわゆる世代間倫理の視点をもつことができる。また，他者と協働し問題解決する素地を養うことができる。

○指導上の工夫

解決策を考えるための視点を，生徒自ら考えるように促す。教師がその視点を提示すると，生徒は教師から言われた通りに考えればよいと感じてしまう。したがって，生徒が仲間と共に，多面的・多角的な視点から解決策を考えることができるよう工夫した。

○指導上の留意点

道徳的問題を解決したら，ポジティブな結果が待っているということを押さえる。問題について考えるというと，生徒がネガティブになってしまい暗い授業になってしまうことがある。この点を押さえることで，生徒が「だれもが幸せになる解決策はないだろうか」と問題意識をもち，意欲的になると考えた。

4 評価について

リゾートホテル建設問題において，世代間倫理，環境，伝統・文化など多面的・多角的な視点から解決策を考え，仲間と議論する過程を評価する。

例えば，経済発展の視点が高かった生徒が，仲間との対話を通して自然保護，伝統･文化の尊重，未来や過去の世代の視点などを踏まえて，より多角的に多様な解決策を考えることができるようになることである。

5 展開例

■ 板書計画

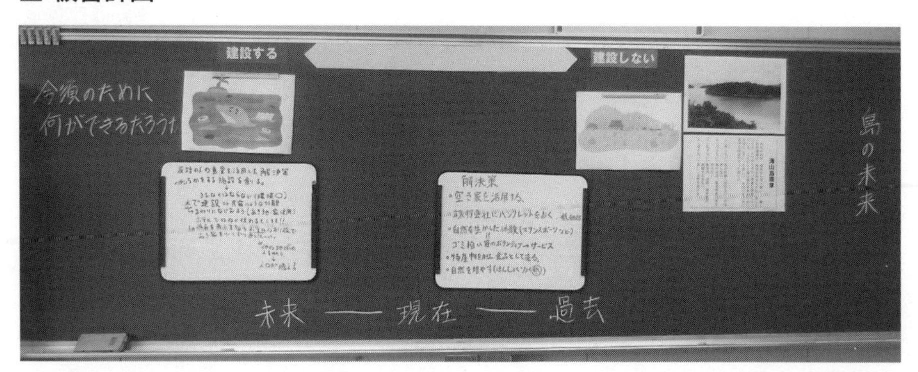

■ 指導案

おもな学習活動	指導上の留意点・と評価☆
1．本時の学習への意識をもつ。 「今須は，どんなところだろうか」 **2．資料を読む。**	•地域のイメージを想起させることで，本時の学習への意識づけをする。

3．解決すべき課題を見つける。

「この資料では，何が問題になっているか」

- 島にリゾートホテルを建設するかという問題がある。

- 問題を解決したら，明るい未来が待っていることを押さえ，問題をネガティブに捉えないようにする。

4．当事者の立場に立って考える。

「もし，区長だったらどうするとよいだろう」

〈建設する派の意見〉

- 多くの観光客でにぎわう。
- 経済が潤い，人々の生活が豊かになる。

〈建設しない派の意見〉

- 先祖が守ってきた海は，未来に残さないといけない。
- 観光客が増え，ごみ問題などが生じるかもしれない。

〈その他の意見〉

- 自然環境を大切にしつつも，開発する。

- ワークシートに記入させる。

〈建設する〉　⟷　〈建設しない〉

理由

○今須のために何ができるだろうか。

- ネームプレートを使って賛成・反対の立場を可視化し，多様な考え方があることに気づくことができるようにする。

※どちらの立場も「郷土愛」があることを確認する。

5．未来予測を知り，再考する。

- ホテルを建設しても，しなくても島の未来は明るくない。

- 建設した場合と，建設しなかった場合の未来予測を提示する。
- 意見が変わった場合はネームプレートを貼りかえる。

6．解決策をグループで考え，発表する。

「島にとって，ほかによい解決策はないだろうか」	
• 島の活性化を考え，ホテルを建設するが，島に合うものにする。 • 島の環境や伝統のことを考え，排水が出ない工夫をする。 • ホテルの建設ではなく，島の伝統文化をホームページなどで発信し，観光客を呼び込む。	• 以下の視点を大切にし，話し合いが深まるように働きかける。 ①その解決策はどのような結果をもたらすか。 ②その解決策は問題の当事者みんな（過去，現在，未来の世代）を幸せにすることができるか。
7．考えた視点を明らかにする。 • 未来だけでなく，先人の思いも考えた。 • 目先の利益だけでなく，島の長い未来を考えた。	
8．身近な地域での取組みを考える。 •「これから今須のために，どんなことができるだろう」 • 多くの人に，魅力を伝えたい。 • 特産品を開発したい。	• ワークシートに記入させる。 • 未来の今須地区に対する行動の実践意欲と態度へとつなげる。 ☆現在だけでなく，過去や未来まで含めて具体的に考えることができたか。

6 授業記録

○身近な地域社会の問題を考える

中学校社会科では，地理的分野において「身近な地域の調査」という学習に取り組む。

関ケ原町の人口は，昭和60年には10000人を超えていたが，現在では，7183人（平成30年4月1日）と減少の一途をたどる。また，それに伴って労働人口の不足や，産業の衰退といった問題にも直面している。学校がある今須地区は林業の盛んな地域で，“今須杉”がブランド材として知られている。製材所も点在しており，近くを通れば杉材のよい香りが漂う。しかし，校区内の製材所数は徐々に減っており，後継者不足や輸入材の影響などが垣間見える。

本実践の導入で「今須地区は，どんなところか」と生徒たちに問いかけると，「自然が豊か」「人情味あふれる」と肯定的な答えの一方で，「限界集落」「過疎地域」と悲観的な見方もあった。社会科での学習などを通して，地域社会が過疎や産業の衰退などの問題に直面していることを理解しているためであろう。

○架空の地での問題解決を思考する

こうした地域社会の現状を想起させる「海山島（架空）」の問題を本授業では考えていった。「海山島」は，関ケ原町と同様に過疎化が進み，地域社会の衰退が著しい島である。そこにリゾート開発の話がもち上がる。生徒にとっては架空の話でありながらも，身近な社会を考えるという“当事者意識”が伴っていたと考えられる。それゆえ，生徒の発言内容には空疎ではない説得性があった。

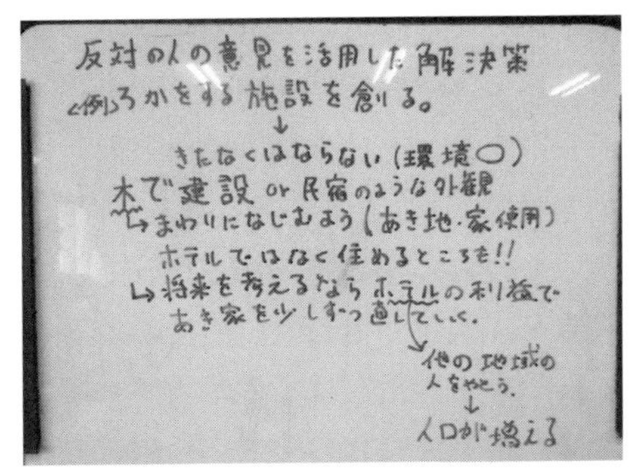

図１　グループで話し合った内容

「もし，あなたが区長だったら」と仮定し，リゾート開発の是非を問うと，開発推進派と反対派に意見が分かれ，経済や自然保護など多面的に考えることができた。「リゾート開発を推進すれば，観光客でにぎわい，島の経済が潤う。それが島のためになる」「観光客が増えると，環境破壊やごみ問題など島の豊かな自然が失われる」などの意見が出された。どちらも「海山島」の未来を考えており，郷土愛が基盤にある建設的な意見である。

また，開発の是非にとどまらず，折衷案ともいうべき，第三の解決策を考える生徒もあった。「リゾート開発を進めるが，大規模な開発はしない。その代わりに，現状の施設の改修などにとどめ，自然を保護しながら経済的な発展をめざす」といった意見が出された。

そこで，第三の解決策はないか，グループごとに具体的に話し合うこととした。図1は，あるグループで話し合った内容である。上段部に「反対の人の意見を活用して」という記述が見られる。自らの意見に異なる立場の意見を取り入れて，考えたことを示している。また中段部には，「木で建設 or 民宿のような外観」とある。島の自然景観との調和を図ることや，一時的な観光客ではなく，定住を促進する施設の建設が，島の未来にとって重要ではないかと考えている。

○身近な地域社会の問題解決を考える

終末では，再び今須地区について考えた。特に，この学習活動では「海山島」という架空の地での問題解決を通して思考したことを，身近な地域社会で汎用させていくことをめざしている。社会科との関連を図っていることもあり，生徒の問題意識も高い。

そこで，「これから今須地区のために，どんなことができるだろうか」と問いかけた。図2は，生徒の記述をまとめたものである。どれも具体的な解決策を提案するとともに，今須地区の実情に合わせたものとなっている。特に，一番下の提案はこの地域が大切にしてきた豊かな山林との共生を図りながら，地域活性化の開発を進めていく方法を考えている。

後日，生徒に詳しく聞くと「町を取り巻く現状は厳しく，観光など経済的な振興は欠かせない。しかし，単に大規模な開発を進めることは今須の自然を損なうことにもつながり，地域にとって好ましくない。開発か，自然保護かの選択ではないところで最善の案を考えた」という趣旨の話であった。まさに，本実践で培いたい問題解決的な思考である。

- （商業施設など）店がないので空き家を活用し，店を作る。
- 家に観光客を受け入れて，泊められるようにする。
- 伝統や地域の活動などインターネットを使って，進んでPRしていく。
- パンフレットを作成し，今須の魅力を伝える。
- 自分たちで，地域を案内できるようにする。
- 自然を生かしたスポーツ施設や遊び場所を作る。例えば，山の中にアスレチックを作る。そうすれば木を切らずに済み，自然も保護できる。

図2　生徒の記述（今須地区のために，どんなことができるか）

現代社会は多様な価値観が混在し，ときには対立や問題が生じる。それは国際社会から身近な地域社会にいたるまで，どこにでも見られる。その中で，身近な地域社会の問題は生徒にとっても実感を伴い，道徳的な実践意欲や態度に反映されやすい。「私たちにもできることがあると考えられるようになった」という感想も生徒から聞かれた。

7 資料

○教材（自作）

　本州から遠く離れたところに海山島（仮名）という島があります。海山島は自然豊かで、その中でも透き通る海は島の宝物です。人口千人で、その四十％が六五歳以上の高齢者です。人口は減少傾向にあり、島を去る若者も増えてきました。そのような海山島に、リゾートホテルの建設の話がもち上がりました。このリゾートホテルができると、島の経済は潤い、島の活気がよみがえることが予想されています。島に住んでいる人々は、そのような町の利益や活性化を求めて、リゾートホテルの建設に賛成する人もいれば、反対の人もいます。反対の人の理由としては、リゾートホテルができることで、そこから流れ出る排水や観光客のごみ問題などの心配があります。また、先祖から受け継いだ「海山島憲章」に「島の外観に合わないものは作らない」と書いてあるので建設してはいけないと言う人もいます。島は、リゾート開発を巡り二分されてしまいました。この件の最終決定権は、島の区長にあります。

海山島憲章

われわれが、祖先から受け継いだ、美しい自然環境は、島民のみならずわが国にとってもかけがえのない貴重な財産となっている。これからも海山島の未来のために大切にしていって欲しい。そのために次に挙げる四点を守って欲しい。

①『作らない』島の外観に合わないものは作らない。
②『汚さない』海や浜辺、集落等島全体を汚さない。
③『乱さない』集落内、道路、海岸等の美観を乱さない。
④『壊さない』美しい自然を壊さない。

Aクリーニング店での出来事

―調停に学ぶトラブルの解決―

矢島徳宗

編者コメント クリーニング店で服にアイロンの焦げ跡をつけられたらというテーマの授業で，法教育や消費者教育の意味合いもある。客が泣き寝入りするのもよくないが，クレーマーになるのもよくない。客と店が互いに納得し合える解決策を現実的に議論している。

1 子どもの実態

対象学年 **中学3年生**

中学校では，生徒たちの人間関係は小学校よりも複雑になる。また，思い込みや自己主張など，コミュニケーションの希薄さによって人間関係のトラブルが生じる例が少なくない。そういった場合，教師は第三者の立場で介入し，個別に生徒の話を聞いて，トラブルの原因を整理したり，今後の方向性について考えさせたりしていく。そして両者を会わせ，トラブルの原因を共有し，今後の方向性について確認などをする。このようにして，教師主導でトラブルを解決することが多い。

そこで，トラブルが発生した際に，生徒が互いにコミュニケーションをとることの大切さに気づくことや，第三者が両者の思いを聞き出して，両者が納得できるような形で問題を解決することができるようになることをめざして実践を行った。

2 授業のねらいと教材

教材名 **「Aクリーニング店での出来事」**

内容項目 **B-9 相互理解，寛容／C-13 勤労**

本時では，次の事例を扱った。

〈Ａクリーニング店での出来事〉

Ａクリーニング店は，30年ほど市内で営業をしています。ほとんどのお客は，なじみのお客さんです。ところが，駅前にマンションが建って，新しい人たちが多く住む町に変化しました。今までと同じサービスをしていては新しいお客は満足しません。それに近所に競争相手も増えてきました。

そんなある日，Ｂさんが苦情を言ってきました。Ｂさんのドレスにアイロンの焦げ跡がついているというのです。Ｂさんは新しい住民です。

〈Ａさんの考え（Ｂさんには知らされていません）〉

Ａさんはなじみのお客さんに支えられ，地元に競争相手もいなかったので，30年という期間をゆったりと過ごしてきました。新しい技術の習得や，新しい機械の導入をしないでも何とかお店の経営がうまくいっていました。いままで，苦情はほとんどなく，平穏な生活をしてきたのに，マンションが建ち環境が変化して，生活のリズムが変化したことに腹を立てています。お客が増えて忙しくなったことも，あまり好きなことではありません。

しかし，このような苦情を無視したのでは，お客の信用をなくしてしまいます。Ａさんは，心の中で，環境の変化を受け入れて，新しい技術や機械を導入して，変化に対応したいと思っていますが，素直になれません。Ａさんはクリーニング保険に加入していて，このような損害に対しては保険会社に賠償請求をできることに気がつきました。しかし，賠償額はわずかで，1軒につき10万円が限度です。

〈Ｂさんの背景（Ａさんには知らされていません）〉

新しい住民のＢさんは，近代的で新しい店が大好きです。古い建物のクリーニング店は，あまり好きではありませんが，近所にお店がないので仕方なく，大切にしているドレスのクリーニングをＡさんの店に頼みました。Ａさんの人柄は好きなのですが，Ａさんの仕事のやり方には不信感があります。

しかし，このドレスは流行遅れなので，心の中ではもう着ることはないだろうと思っています。それでも，チャンスがあるかもしれないと思い，クリーニングに出しました。このドレスは10年前に20万円で購入しました。

〈参考図書〉R. J. Bodine & D. K. Crawford, *The Handbook of Conflict Resolution Education*, CA: Jossey-Bass, 1998,　水野修次郎著，和井田節子付『争いごと解決学練習帳―新しいトラブル防止教育―』，ブレーン出版，2004

この事例の問題点として，①Aさんが B さんの大事なドレスにアイロンの焦げ跡をつけてしまった，②B さんのドレスは20万円で購入したものだがAさんは10万円しか賠償金として支払えない，③B さんは最新の技術や機械を使ってほしいのにAさんにはその気がない，の3点があげられる。

3 指導上の工夫・留意点

本時では，第三者という立場で両者の思いや言い分を丁寧に聞き取り，両者が納得できるような解決策を考えていくことをねらいとした。つまり，答えのない問題や答えが一つではない問題に取り組み，主体的・協働的に解決策を構想する「調停する力」を育成することをめざしている。

4 評価について

資料とワークシートでは，解決策について記述する欄を２か所設けた。１つ目は教師の範読を聞いた直後に，２つ目はAさんとBさんの両者の言い分を聞いたうえで，生徒同士で議論した後に，他者の意見も踏まえながら記述する。この2か所を比較し，生徒の変容を評価していく。

5 展開例

■ 板書計画

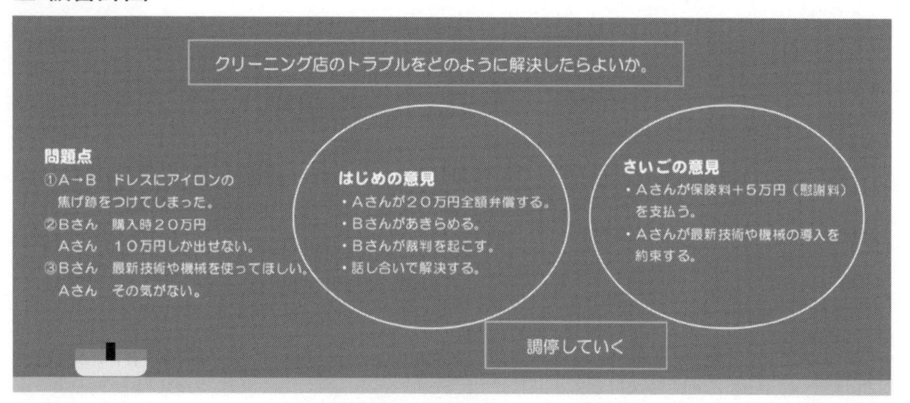

■ 指導案

おもな学習活動	指導上の留意点
1．「漫画の貸し借り」のトラブルについて，解決策を考える。 ・借りた物は返すべき。 ・破損したら弁償すべき。	・日常的なトラブルに気づかせるために類似した経験についても想起させる。
2．「調停」という言葉の説明を聞く。 ・「調停」…中立的な立場で，争いごとを解決する方法。 ・調停者（メディエーター）は，当事者の話し合いを促進し，互いに受け入れることができる解決策を作成できるように支援する人。 ○教師の範読を聞く。	・「調停」という言葉について説明することで，本時の見通しをもたせる。 ・「調停」する際の注意点についても説明する。 ・資料とワークシートを配付する。
3．問題となっている点を分析する。 ・ＡさんがＢさんの大事なドレスにアイロンの焦げ跡をつけてしまったこと。 ・Ｂさんのドレスは20万円で購入したが，Ａさんは10万円しか保険金として弁償できないこと。 ・Ｂさんは最新のクリーニング技術や機械を使ってほしいのに，Ａさんにはその気がないこと。	1．この問題について，どうすればよいのだろうか。（はじめの考え） （主張） （理由） 2．この問題について，どうすればよいのだろうか。（最後の考え） （主張） （理由） 3．今日の授業を振り返って

4．はじめの意見として解決策を考え，交流する。 ・Bさんは訴えを起こして裁判すればよい。 ・Aさんが全額弁償するべきだ。	・ワークシートに記述させる。 ・近くの仲間と小集団で交流させながら考えさせる。 ・プレゼンテーションを用いながら，両者の言い分を確認していく。
5．AさんとBさんの言い分を聞いていき，解決策について考える。 ・Aさんはわざと焦げ跡をつけたのではない。 ・Bさんの購入したドレスは10年前の古いものだった。	・言い分を聞いていく中で表面化しない両者の思いに気づかせる。 ・これまでの仲間の意見を踏まえながら最終的な解決策を考えさせる。
6．最終的な解決策について考え，交流する。 ・Aさんは保険料の10万円に加えて5万円の慰謝料を支払う。 ・クリーニングの技術や機械を新しくすることで納得してもらう。	・「裁判」と「調停」の違い（調停をすることのよさ）について説明していただくようにする。 ・本時学んだことや，日常生活で生かせることなどについて振り返らせる。
7．弁護士の話を聞く。	
8．本時の振り返りをする。 ・互いの気持ちを十分に理解して納得いくように解決作を考えることができた。	

6 授業記録

(1) 導入時

生徒の日常生活におけるトラブルについて想起させるために，小学校で実践された「漫画の貸し借り」のトラブルを生徒に提示し，どのように解決するかを考えさせた。

トラブルの当事者間の争いごとを中立的な第三者の立場で解決することをめざすという本時のねらいについて見通しをもたせ，第三者の立場で調停するうえで大切なことについて次の5点について説明した。

① 両者の話をよく聞き，一方を攻撃したり，誹謗中傷したりしない。
② 両者が行き詰まった状況でも，それを打開できる案をいくつか考える。
③ 闘争的な態度になることなく，建設的な態度で争いごとを処理する。
④ 意見の食い違いを受け入れ，正当に評価する。
⑤ 事実に基づいて客観的に理解し，納得し合える解決策を考える。

(2) 展開時

「Ａクリーニング店での出来事」についてワークシートと資料を配付し，教師の範読後にこの事例の問題点について分析させた。

問題を全員で確認した後，「はじめの意見」として解決策について意見交流をさせた。この時点では「訴えて裁判で決める」「Ａさんが全面的に悪いので，全額弁償すればよい」「古いドレスなので20万円の価値はないから，Ｂさんが金額面で少し妥協すればいい」という意見が多く出された。

その後，資料を用いて，両者の言い分を追加で提示した。Ａさんは，①決して悪気があってアイロンの焦げ跡をつけたわけではなかったこと，②保険は10万円が限度であること，③できれば，Ｂさんに今後もお客でいてほしいことを示した。一方，Ｂさんは，①古くても思い出のある貴重なドレスなので，簡単に妥協したくないこと，②Ａさんのクリーニング店は家から近いので今後も利用したいけれど，Ａさんのクリーニング技術を信用できないことなどを示した。

最初の情報と追加の情報を総合的に考慮して，生徒たちは中立的な第三者の立場から再び解決策について議論した。生徒が個別に考えた後に，グループ学習を行って話し合い，どれが納得のいく解決策であるかを発表していった。この時点では，両者が納得できるような解決策として「ドレスの価値を鑑定してもらうべき」「保険料の10万円に追加して，Ａさんが弁償代として5万円を支払う」などの意見が出た。教師が「これですべて解決できたか」とたずねると，生徒から「Ｂさんが懸念するクリーニング技術の件が片付いていない」という意見も出た。そこで，生徒が「Ａさんは技術の向上や設備投資も約束するべき」という意見も出た。

この後，実際に起きたトラブル対応でも同じような解決策が提示されたことを示した。

(3) 終末時

授業を振り返り，本時の授業で学んだことや考えたこと，そして日常生活で生かせることについてまとめを行った。最後に，現役の弁護士をゲストティーチャーに招き，調停は，裁判における裁判官の一方的な解決と違って，当事者同士が話し合って相互が納得できる解決策を考え出すことができる点で優れていること，さまざまな社会問題の解決にも役立つことについて話を聞くことができた。

(4) 子どもの変容

ある生徒は，はじめの意見として次のように考えた。

> Aさん：Bさんに10万円の賠償をし，設備を新しくする。
> Bさん：10万円の不足を我慢する。店の設備を新しくしてもらう。

そして生徒同士で議論した後の最後の意見として次のように考えた。

> Aさん：Bさんに10万円＋5万円（お詫び）を払う。設備を新しくする。
> Bさん：5万円の不足を我慢する。これからも店を利用する。

また，本時の振り返りとして，次のようにまとめている。

> 実際に調停をしてみて，中立な立場でどちらかが大きく損をしないように解決することが大切だと思いました。そのために，双方の主張や求めていることをよく聞き，理解するということが必要でした。だから，弁護士さんが話してくださったように，裁判での解決と異なり，これから二人の関係が悪化しない結論が出せるのだと思います。このように双方にとってよい結論の導き方は，日常でもめごとが起こったときにも生かせそうなので，双方の意見を，じっくり話を聞いて，結論を導き出せるように助言したいと思います。

この生徒は，調停することのよさについて理解しており，さらに多面的・多角的に両者の思いや言い分をくみ取って問題解決をしていくことの大切さに気づくことができている。終末で，生徒自身の過去の具体的な経験に結びつけることは，やや困難であったようだが，今後の生活において調停する力を活用していこうとする実践意欲を高めることには，大きな成果が見られたと言える。

7　資料

○授業で活用した主なプレゼン資料

調停とは・・・

中立的な第三者の立場で，争いごとを解決する方法。

調停者（メディエーター）は，当事者の話し合いを促進し，お互いに受け入れることができる解決策を作成できるように支援する人。

調停で大切なこと

①両者の話をよく聞き，一方を攻撃したり，誹謗中傷したりしない。
②両者が行き詰まった状況でも，それを打開できる案をいくつか考える。
③闘争的な態度になることなく，建設的な態度で争いごとを処理する。
④意見の食い違いを受け入れ，正当に評価する。
⑤事実に基づいて客観的に理解し，納得し合える解決策を考える。

Aさんの言い分

Bさんの言い分

私はBさんのドレスに薄いアイロンの焦げ跡をつけてしまいました。Bさんには，きちんとお詫びして今後のことを相談しました。Bさんは，ドレスを購入した金額の２０万円を全額弁償しろと言っていますが，私としては１０年前のドレスですので，半額の１０万円で勘弁してくださいと申しているのです。

私の大切にしている思い出のドレスなので，とても悲しい気持ちです。１０年前に２０万円で購入したドレスです。確かに古いドレスですが，とても１０万円では，私の気持ちは収まりません。

Aさんの要望

Bさんの要望

もちろん，Bさんに私のお詫びの気持ちが伝わり，できればこれからもお客さんでいただけることを望んでいます。

Aさんの誠意が知りたいのです。Aさんの人柄は好きなのですが，Aさんの技術は，あまり信頼できません。できれば，お店を近代的にして，今後このような過ちをしないようにしてもらいたいのです。Aさんのお店は，大変便利な場所にあるので利用できれば利用したいと思っています。

Aさんの提案

Bさんの回答

保険で１０万円はカバーできるので，１０万円はお支払いできます。それに私の弁償代金として，５万円を出費して，合計１５万円を弁償代金としてお支払いしたのですが，どうでしょうか。

思い出のあるドレスですが，新品ではないので，１５万円の弁償で金額的には満足できます。

Aさんの話

Bさんの話

はい。私も努力したいと思います。
Bさんにできればこれからもお客でいてほしいので。

ただ，Aさんには，もう一つ約束してもらいたいことがあります。
Aさんには，新しい技術を習得する約束をしてもらいたいのです。

道徳科

二つの提案
—LGBTなど性的少数者への配慮—

山田貞二

編者コメント 多様な性のあり方を理解し，LGBTに関する問題について考えるための道徳授業である。LGBTに関する偏見や差別があることを理解したうえで，どうすれば互いを理解し合い，寛容に受けとめ合える社会を築くことができるかを議論している。

1 子どもの実態

対象学年 中学１年生

本校のアンケートにおいて，「自分が好き」「自分に自信がある」と答えた生徒の割合は，約3～4割程度しかない。半分以上の生徒が，自分の性格や生き方などに自信がもてず，自分の弱い部分や他者と比べて劣った部分を強く意識しているため，生きる喜びを感じることができていない状況にある。

2 授業のねらいと教材

教材名 「二つの提案」（自作資料）

内容項目 D-22 よりよく生きる喜び／B-9 相互理解，寛容／C-11 公正，公平，社会正義

近年，LGBT（女性同性愛者，男性同性愛者，両性愛者，トランスジェンダーの各単語の頭文字を組み合わせた表現）などの多様な性が社会的に認知され，企業や公共機関などにおいてさまざまな配慮がなされるようになってきた。学校現場においては，LGBT教育はようやく始まったばかりで，当事者の生徒は，依然として好奇の的であり，差別の対象となるなど，自分らしい生き方をすることができない状況にある。

大手広告会社のデータによると，13人に1人がLGBTであるといわれている。

中学校においても，苦しい思いをして生活をしている生徒がいると考えられ，また，サポートもほとんどない状況にある。

本教材は，トランスジェンダーの生徒が，合唱コンクールを前に，変声による男性の声に苦悩し，周囲から非難される場面を中心に構成している。

3 指導上の工夫・留意点

LGBTについての適切な理解を前提とし，段階を踏んだ指導計画を立てる。教材を提示する前に基礎的な知識を伝え，指導に十分な時間をかけるようにする。

○指導計画

事前準備	•地域で中高生対象の「しゃべり場」を主催しているLGBTグループ代表との打ち合わせ（校長，学年主任）。 •「しゃべり場」に参加し，情報収集と課題の整理（校長，学年主任など）。 •ゲストティーチャー２名との指導案検討（学年会にて）。
第１時（総合）	•人権週間に向けて，身の回りにある「差別」を考える（LGBTを含む）。【本時】
第２時（道徳）	•教材『二つの提案』から「問い」を立てる。【本時】
第３時（道徳）	•前時に立てた「問い」の解決に向けて，ゲストティーチャーを招いての学習。
第４時（学級活動）	•生徒会の人権週間の取組みに対する計画。

本授業は２時間続きとし，1時間目は教材文を読んで生徒自身が問いを立てる活動をし，２時間目は，前時で立てた問いを小集団でのブレインストーミングとKJ法を活用しながら解決のための話合いを行う。

学習問題1では，「もし自分が主人公だったらどうするか」という「問い」から，当事者の立場で主人公の苦悩を多面的・多角的に考える。さらに，LGBTを公表しているゲストティーチャー（GT）に参加してもらい，話し合いをより実感をもったものに深めていく。

学習問題２では，「主人公はどのような生き方をしたらよいだろう」という問題解決的な問いについて考えさせる。その際に，主人公が大切にしている音楽の存在について深く追求することにより，「幸せ」や「生きる喜び」の本質を議論させていきたい。

4 評価について

「主人公の生き方を通して，共に生きる喜びと，自分らしく生きる姿を自分事として考えることができたか」，ワークシートからのポートフォリオ評価とエピソード評価にて実施する。

5 展開例

■ 板書計画

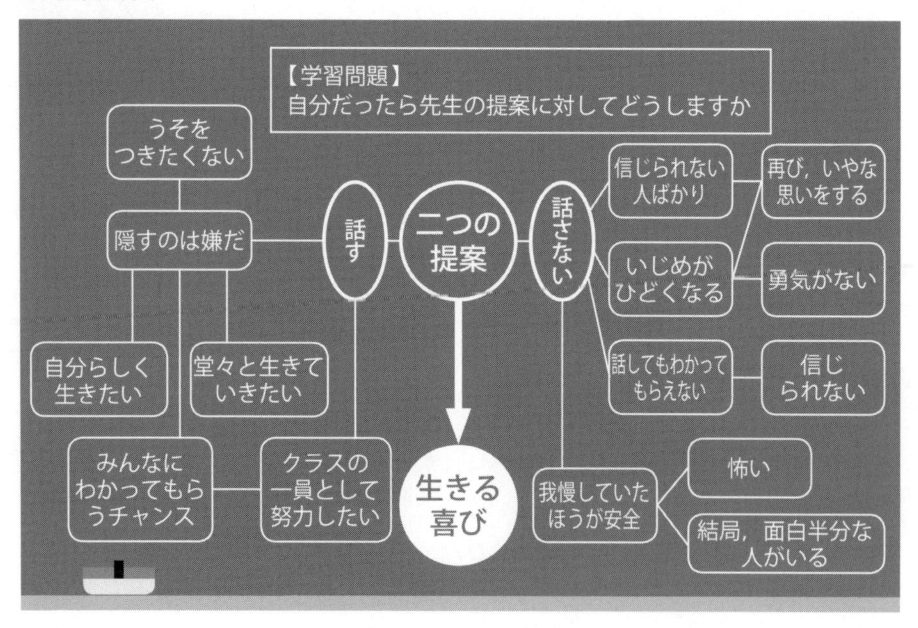

■ 指導案

おもな学習活動	指導上の留意点
〈第1時〉 1．LGBTを公表している芸能人について感想を発表する。 2．LGBTについて知る。 3．本時の目標を知る。 4．教材「二つの提案」の範読を聞く。	•LGBTタレントに対する好奇の目に気づかせる。 •スライド資料を使ってLGBTについて説明する。
5．「問い」を設定する。 •疑問点や印象に残ったことなど小集団で話し合う。 •学級全体で「問い」を決定する。 6．「問い」を確認する。	•ブレインストーミングにより，多くの感想や疑問点を出させる。 •付箋紙を有効に活用し，生徒の意見を生徒自身に類型化をさせ，問いを決定させる。
〈第2時〉 1．二つの提案に対する「主人公」の判断について考える。	
学習問題1．自分が主人公であったら提案に対してどうしますか。	
•教材における先生の提案に対して自分ならどうするかを話し合う。 ①ワークシートに考えを記入。 ②小集団で意見交換。 ③全体で意見交流。 ④ゲストティーチャー（GT）の体験や考えから再度意見交流。	•思考ツール（イメージマップ）を使い，出された意見を「見える化」して板書する。 •「話す」「話さない」を軸に，多面的な見方を黒板にマッピングする。 •GTの考えを聞き，自分の考えとのギャップを知る。 •「話す」「話さない」のそれぞれの立場からさらに議論する。
学習問題2．主人公が自分らしく生きるためにはどうすればよいだろうか。	
•主人公のこれからの生き方について考える。 ①小集団によるホワイトボードミーティング。 ②全体での意見交流。	〈補助発問〉 周囲の者はどのように主人公と関わったらよいか。 （視点を変え，「共生」というテーマに迫るための発問） •GTに話合いに対する考えを聞くことで，議論に実感をもたせる。

2．学習の振り返りをする。 •学んだことをワークシートに記入する。 •全体で共有する。	•考えたことを記入する。 •ペアで簡単に意見交換する。
3．GT の話を聴く。	•GTの生きる喜びは何かを語ってもらい，余韻を残して授業を終える。

6 授業記録

〈第1時〉　ブレインストーミングによって立てられた「問い」

①身近にLGBT の人がいたらどう接するか（理解について）。
②自分がLGBT だったらどうするだろうか（カミングアウトについて）。
③主人公はミュージシャンを見て何を考えたか（音楽について）。
④主人公は女性として本当に生きていけるか（生き方について）。
⑤どうしたら主人公への差別やいじめはなくなるか（差別について）。

この中で，②を中心の「問い」とすることを確認し，ほかの「問い」は補助発問として活用することとした。

〈第2時〉　「問い」の解決のための話合い

T：みんなに話すという先生の提案に対して，自分だったらどうしますか。

【みんなに話す】
C：言うと楽になるから。スッキリしてモヤモヤがなくなる。
C：言って理解してもらう。いじめられるかもしれないが可能性のあるほうにかけてみたい。堂々としていたい。
C：言わないともっといじめられるんではないか。言えばなくなる。
C：言えばスッキリする。言わないとモヤモヤする。
C：言わないといじめはもっとひどくなるかもしれない。信用できない。
C：わかってくれない人もいるが，わかる人は必ずいる。
C：言わないでいじめられるより，言っていじめられたほうがよい。
C：自分のことを知ってほしい。わかればいじめはきっとなくなる。
C：怖いけど，ちゃんと話して一部の人でもわかってもらったほうがよい。

C：ずっと悩んできたから，晴らしてしまいたい。言ってしまいたい。

【話さない】

C：一部の人にいじめられるし，ばかにされる。信用できない。

C：クラスのために指揮者をやりたいけど，責められていじめられる。

C：これから先，また責められるので怖い。無理だと思う。

「話さない」という生徒は5名で，ほかの大多数が話したほうが自分にとってもクラスにとってもよいと考えている。

T：ゲストならどうしますか。

GT１：絶対言わない。理解できない人が多い。言うことにより中学校生活が台無しになる。理解がある人には個人的に言う。言いたいけど言わない。言ったら完全に居場所がなくなる。

GT２：言いたいが，言えない。結果，言わない。みんなの前で話す勇気がない。怖い。仲がいい友達には言うかもしれない。

T：ゲストの二人は話したいけど話せない。どうしたらいいでしょうか。

生徒の考えと現実にズレが生まれたので，第二の解決に向かう。

C：クラスの中で知らせる機会をつくったらよい。もっと話す。

C：クラスのみんなに優しくする。声をかけるのがよい。

C：いじめる人を通報する。

C：気持ちを聞いてあげる。どうしてほしいか聞く。気持ちに寄り添う。

C：本人の気持ちを尊重してあげるのがいい。勝手に決めない。

GT１：そう，そういう人がいても，そっとしてもらえればよい。

GT２：わかっていても，さりげなく付き合ってもらえばよい。気づける人になってほしい。だったら，話せるかもしれない。

T：主人公は今後，どのように生きていくとよいでしょうか。

C：路上ライブで勇気づけられたように音楽を大切にするとよい。

C：好きなことをやり，さりげなく生きていけるようにする。

C：音楽で自分のメッセージを伝え，自分のことを知ってもらう。

C：下手な歌でも恥ずかしくない。多くの人に見られても恥ずかしくない堂々とした姿を見てもらえばいいと思う。自然に生きる。
GT 1：音楽には壁がない。自分らしく生きていけそう。
GT 2：自分の好きな歌を知ってもらったら，生きる勇気が出そう。
生徒はこの探究学習を通して，多様な性があること，自分らしく生きるために，主人公にとっての音楽のようなものを見つけられるとよいこと，当たり前のこととして周囲も普通に接することが「幸せ」につながることを，ゲストの姿から実感をもって見つけだし，実践への意欲ももつことができた。

7 資料

○**教材**（自作教材から抜粋）

『二つの提案』

私は小さいころから「歌」が大好きでした。宇多田ヒカルさんが大好きで，毎日のようにお母さんの前で歌っていました。
私が，この異和感を初めて意識したのは，中学校1年生の合唱コンクールの練習のときでした。それまでも，他の男子と比べて，自分の考え方や行動に「何か変だな」という気持ちになることがあったけれども，困ることはありませんでした。しかし，中学生になったころから，声が変わってきました。そうです，変声期（へんせいき）を迎えたのです。子どものころの高くて美しい声から低くて太い声に変わってきたのです。自分の大好きな歌がどこか遠くへ行ってしまうような感じがしました。
さて，このままでは，その大好きな歌が変声期で歌えなくなってしまう。低くて太い声を出すことは，自分が男であることを認めることになり，つらくてつらくて仕方ありませんでした。私は女性として生きていきたいのに……。
私のクラスの合唱曲は『Tomorrow（トゥモロウ）』。岡本真夜さんという女性の歌手が歌って大ヒットした曲です。とってもすてきな曲でしたが，私は声を出すことをやめました。他の声変わりした男子は，平気で低い声で歌っていたけれども，私には声を出すことができませんでした。大好きな歌が歌えない。
練習が始まり，数日すぎたとき，事件が起きました。練習中に，女子の一人が「先生，イトウ君が全然歌ってくれません」と練習中に大きな声で叫（さけ）んだのです。他の子たちも，歌っていないのを知っていたので，その一言をきっかけに，「そうだ，何で歌わないんだ！」「学級が一つになれないじゃないか」「みんながんばってるんだぞ」と私を責め始めました。私は，何も言えず，ただ立ちつくすしかありませんでした。もう流す「涙」もなくなっているようでした。

練習が始まって１週間がたったとき，担任のオガワ先生が私に声をかけてくれました。

「イトウ，指揮者をやってみないか？」

音楽準備室に呼ばれ，先生と話をしました。先生は，私のことはうすうすわかっていたようで，太い声で歌うのがつらいこともわかっているようでした。私は，初めて自分の異和感のこと，家族のこと，歌が好きなことなどを先生に話しました。私にとっては大きな冒険でした。先生がそれを受けとめてくれる保証などないし，反対に自分が傷つくことになるかもしれないのだから。

「いま，歌うことがつらくても，いつか歌える日は来る。それまで楽器を練習したり，高い声を出す練習をしたりして，音楽は続けてみたらどうだろう。だから，今回の合唱コンクールでは，指揮者という形でクラスのためにがんばってみたらどうかな」

先生からの提案でした。そして，もう一つ。

「指揮者をする前に，なぜ，自分は歌わなかったのかを，クラスのみんなに説明しないと，みんなは納得しないと思う。先生は，何があってもイトウを応援する」

1日だけ考えさせてほしいことを，先生にお願いしました。学校から家に帰りながら，いろいろなことを考えました。

夕暮れがせまり，すでに明かりがまぶしい駅にさしかかったとき，音楽が聞こえてきました。駅前の舗道で3人の若者がとっても楽しそうに歌っていました。けっして上手でもなく，聞いている人がほとんどいないのに，自分の思いを伝えようとしていました。私は，生まれて初めて，ストリートミュージシャンを見ました。自分の心の中で何かが変わっていくのがわかりました。頭の中で，合唱曲『トゥモロウ』の歌詞がぐるぐると流れはじめました。

♪涙の数だけ強くなれるよ　アスファルト咲く花のように
見る物すべてにおびえないで　明日は来るよ　君のために♪

JASRAC 出 1808724－801

次の日，合唱練習をする前，指揮台の上に立つ「わたし」がいました。

おわりに

この度新設された「特別の教科　道徳」について，学校学習指導要領解説（29年告示）特別の教科道徳編には，「判断」という文言はもちろん「道徳的諸価値」「価値理解」「多様な価値観」「道徳的判断力」の言葉が示されている。

私は，「価値判断力・意思決定力を育成する社会科授業研究会」立ち上げ，知識理解，技能習得重視の社会科でなく，価値判断や意思決定を重視する社会科を提言し続けてきた。

小学校学習指導要領解説（29年告示）社会編には，「社会にみられる課題を把握して，その解決に向けて社会への関り方を選択・判断したりする力」という文言が小学校社会科の目標の中に明示された。大変うれしいことである。資質重視の社会科と言われるようになった。ただ，残念ながら小学校の社会科においては「価値」という文言は見つけることができない。

「社会への関わり方を選択・判断したりする」場合には，選択・判断のもとにある，基準となる個々の価値観が大切になるのではないかと思う。

現代の社会にみられる課題を解決するには，どうしても価値の問題にふれなくてはならないのである。社会科では，残念ながら，社会の現状理解を重視し，選択･判断の基準となる価値そのものについて考えることをしていない。価値判断の吟味を省略し，意思決定を先行してしまっているようにみえる。

価値について学ぶ視点から「現代的な課題に取り組む道徳授業」を学ぶことは，社会科にとって大変重要なことだと認識している。

道徳教育の研究者である柳沼良太先生，道徳教育の実践家である山田誠先生と一緒に「現代的な課題に取り組む」学習のあり方を考えることができ，大変うれしく思う。

道徳と社会科の相乗効果をめざす本書が，これからの道徳授業の実践，社会科授業の実践に大いに役立つことと思う。

筑波大学附属小学校社会科　梅澤真一

以前から道徳の授業は国語の授業と似ていると言われてきた。それは，国語も道徳も読み物教材を用いて，場面ごとに登場人物の気持ちを考えさせる授業が多かったからである。しかし，このような登場人物の心情理解のみに偏った道徳授業に対する反省から，「特別の教科　道徳」においては問題解決的な学習が取り入れられることになった。この問題解決的な学習の導入に対しては，道徳授業において心情理解を第一と考える人たちからは強い批判があった。しかし，今年度から検定教科書が配られ，「特別の教科　道徳」が全面実施されると，問題解決的な学習に対する批判はトーンダウンしていった。それは，各社の検定教科書に問題解決的な学習が取り入れられたことにもよる。

この問題解決的な学習において，現代的な課題が教材として用いられることがある。例えば，公立図書館において，マナーの悪い利用者に対する対策として，雑誌をカウンターの中に保管して利用者が自由に雑誌を読めなくなることの是非を問うような道徳授業の実践がある。これは正解のない問題であるが，このような実社会で起きている問題について考え，議論することによって，子どもたちは，現実の社会を変えていく力を獲得することができる。

この本には，公立図書館の問題以外にも，さまざまな現代的な課題を取り上げた道徳授業の実践が掲載されている。このような道徳授業の実践が全国に広がることを願ってやまない。

筑波大学附属小学校道徳科　山田誠

編者紹介

柳沼良太（やぎぬま・りょうた）
岐阜大学大学院教育学研究科准教授。
早稲田大学大学院文学研究科博士後期課程修了，博士（文学）。早稲田大学文学部助手，山形短期大学専任講師を経て，現職，日本道徳教育学会理事。中央教育審議会道徳教育専門部会委員，道徳教育の改善に係る調査研究協力委員，学習指導要領解説「特別の教科　道徳」作成協力者。

梅澤真一（うめざわ・しんいち）
筑波大学附属小学校教諭，社会科教育専門。
日本社会科教育学会，全国社会科教育学会，地理教育学会所属。
「価値判断力・意思決定力を育成する社会科授業研究会」代表。
東京書籍「新しい社会」編集委員として教科書づくりに携わる。
著書に『初等社会科教育』（ミルネバ書房），『筑波発　社会を考えて創る子どもを育てる社会科授業』（東洋館）などがあり，『小学総合的研究わかる社会』（旺文社），『地図博士になろう』（PHP）など監修。

山田　誠（やまだ・まこと）
筑波大学附属小学校教諭，道徳科専門。
道徳教育研究会会長。
著書に『筑波発 道徳授業の改善―道徳授業の新しい展開』（初等教育研究会），『子どもの豊かさに培う共生・共創の学び 道徳―筑波プランと実践』（東洋館出版社），『定番教材でできる問題解決的な道徳授業 小学校』（図書文化社）などがある。

執筆者一覧（執筆順，所属は2018年8月現在）

柳沼　良太	岐阜大学大学院准教授
森　　　炎	森法律事務所
梅澤　真一	筑波大学附属小学校教諭
粕谷　昌良	筑波大学附属小学校教諭
岩坂　尚史	お茶の水女子大学附属小学校教諭
岡田　泰孝	お茶の水女子大学附属小学校教諭
佐藤　孔美	お茶の水女子大学附属小学校教諭
山田　　誠	筑波大学附属小学校教諭
星　　直樹	早稲田大学系属早稲田実業学校・初等部教諭
古見　豪基	埼玉県和光市立第五小学校教諭
幸阪　創平	東京都杉並区立浜田山小学校教諭
小笠原　淳	岐阜大学教育学部附属小学校教諭
竹井　秀文	愛知県名古屋市立下志段味小学校教諭
岡島　佑樹	岐阜大学教職大学院
藤井健太郎	岐阜県関ケ原町立今須中学校教諭
矢島　徳宗	岐阜大学教育学部附属中学校教諭
山田　貞二	愛知県一宮市立浅井中学校校長

「現代的な課題」に取り組む道徳授業

2018 年 9月20日　初版第 1 刷発行［検印省略］

編　　者　柳沼良太・梅澤真一・山田誠©
発 行 人　福富　泉
発 行 所　株式会社 図書文化社
〒112-0012　東京都文京区大塚 1-4-15
TEL. 03-3943-2511　FAX. 03-3943-2519
組　　版　株式会社　さくら工芸社
装　　幀　中濱健治
印　　刷　株式会社　厚徳社
製　　本　株式会社　厚徳社

ISBN978-4-8100-8712-3　C3037